"十三五"国家重点出版物出版规划项目
工业和信息产业科技与教育专著出版资金项目

工业互联网丛书

工业互联网综合知识读本

工业互联网产业联盟　中国信息通信研究院 编著

电子工业出版社
Publishing House of Electronics Industry
北京·BEIJING

内 容 简 介

工业互联网作为新一代信息通信技术与制造业深度融合的产物，日益成为新一轮工业革命的重要基石和关键支撑。主要工业国及新兴经济体均把大力发展工业互联网作为战略部署重点，推动全球发展驶入快车道。以工业互联网平台为核心的生态竞争不断升级，围绕工业互联网关键技术、标准等的前瞻性布局全面提速。在此背景下，编撰了《工业互联网综合知识读本》。本书内容涵盖工业互联网的孕育和兴起、工业互联网的体系构成、工业互联网的重要意义、国际工业互联网发展布局、中国工业互联网发展现状、中国工业互联网典型实践案例、数字经济时代下工业互联网展望，希望能为工信系统领导干部、产业链上下游企业以及从事相关研究的人员等认识和了解工业互联网提供一些参考。

未经许可，不得以任何方式复制或抄袭本书之部分或全部内容。
版权所有，侵权必究。

图书在版编目（CIP）数据

工业互联网综合知识读本 / 工业互联网产业联盟等编著.--北京：电子工业出版社，2019.10
（工业互联网丛书）
ISBN 978-7-121-37334-3

Ⅰ. ①工… Ⅱ. ①工… Ⅲ. ①互联网络－应用－工业发展－研究 Ⅳ. ①F403-39

中国版本图书馆 CIP 数据核字（2019）第 189950 号

责任编辑：郭穗娟
印　　刷：北京盛通商印快线网络科技有限公司
装　　订：北京盛通商印快线网络科技有限公司
出　　版：电子工业出版社
　　　　　北京市海淀区万寿路 173 信箱　邮编　100036
开　　本：720×1000　1/16　印张：16　字数：258 千字
版　　次：2019 年 10 月第 1 版
印　　次：2020 年 4 月第 2 次印刷
定　　价：98.00 元

凡所购买电子工业出版社图书有缺损问题，请向购买书店调换。若书店售缺，请与本社发行部联系，联系及邮购电话：(010) 88254888, 88258888。
质量投诉请发邮件至 zlts@phei.com.cn，盗版侵权举报请发邮件至 dbqq@phei.com.cn。
本书咨询联系方式：(010) 88254502，guosj@phei.com.cn。

"工业互联网丛书"
编辑委员会

编辑委员会主任：

陈肇雄

编辑委员会副主任：

张　峰　王新哲

专家委员会委员：

王钦敏　周　济　邬贺铨　陈左宁　李伯虎
孙家广　刘韵洁　方滨兴　张　军　房建成

主　　　编：

韩　夏　刘　多

编辑委员会委员：

谢少锋　赵志国　闻　库　谢远生　鲁春丛
李　颖　杨宇燕　陈家春　祁　锋　尹丽波
徐晓兰　余晓晖　林　啸　冯　伟　付景广
徐　波　赵　征　辛勇飞

本书编写组成员：

肖荣美　刘　默　高雨晨　王　峰　王欣怡
李海花　田慧蓉　张恒升　刘　阳　秦　业
李　浩　袁　林　刘　钊　刘晓曼　陈丽坤
杨艳舟　崔　粲　何　丹　罗　卫　尹杨鹏
沈　彬　林　欢　闫　霞

"工业互联网丛书"
总序

2019年正值互联网发明50周年，也是中国全功能接入互联网的25年，中国互联网用户普及率接近60%，以国内电商为代表的消费互联网业务全球领先，互联网已经深入到社会生活的方方面面，数字经济对经济增长的贡献日益显著。现在我国消费互联网在教育、医疗、养老、文化、旅游和海外电商等应用领域还有待拓展和深化，但更大的发展空间在工业互联网，工业互联网可看做互联网的"下半场"，既是互联网发展的新动能，也是拉动经济增长的新引擎。2019年的《政府工作报告》提出，打造工业互联网平台，拓展"智能+"，为制造业转型升级赋能。工业互联网的提出不仅是与消费互联网新旧动能的接续，而且正好与中国从中高速发展向高质量发展的转型时间对应，是实现质量变革、效率变革和动力变革的关键。

"工业互联网丛书"站在新一代科技革命到来和国际竞争面临前所未有不确定性的时代格局下，透析了工业互联网提出的背景，解读了工业互联网体系的构成，以丰富的实践案例佐证了工业互联网的成

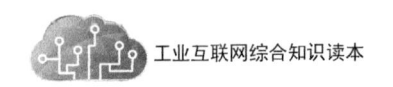

功应用；对照国外工业互联网的发展战略与布局，分析了中国发展工业互联网的有利条件与不利因素，展望数字经济时代中国工业互联网发展的机遇与挑战，提出了深入促进工业互联网发展的建议。

互联网走过 50 年，而工业互联网现在才刚开始。互联网从面向人到面向企业，在技术要求、实施主体、产业生态、商业模式等方面都有很大差异，工业互联网在全球也处在发展过程中，对于工业现代化任务很重的中国来说，全面实现工业互联网的路还很长，但中国工业互联网的实践一定会对全球工业互联网的发展做出自己的贡献。

"工业互联网丛书"的写作团队对国内外工业互联网的情况有较全面的了解，深入企业获得第一手的案例与诉求，已编写出数十本有关工业互联网的白皮书和研究报告，在此基础上用简洁和通俗的语言介绍工业互联网。在中国工业互联网起步阶段"工业互联网丛书"的推出正当其时，但对工业互联网的理解和应用肯定随时间而深化，有待更多的实践来补充和完善。

中国工程院院士　邬贺铨

2019 年 8 月 12 日

目录 / Contents

第一章　工业互联网的孕育和兴起　/ 001

　　1.1　工业互联网产生的时代背景　/ 002

　　1.2　工业互联网成为全球产业竞争
　　　　新焦点　/ 009

　　1.3　中国工业互联网的提出　/ 020

第二章　工业互联网的体系构成　/ 031

　　2.1　工业互联网的内涵解析　/ 031

　　2.2　工业互联网产业生态　/ 042

第三章　工业互联网的重要意义　/ 051

　　3.1　打造先进制造业发展新动力　/ 052

　　3.2　开拓网络强国建设新途径　/ 061

　　3.3　构筑数字经济持续繁荣的新基石　/ 062

第四章　国际工业互联网发展布局　/ 067

　　4.1　全球工业互联网整体发展态势　/ 067

　　4.2　主要国家推进工业互联网的政策
　　　　着力点　/ 076

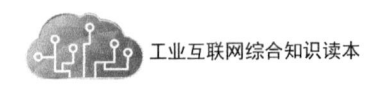

第五章　中国工业互联网发展现状　/ 097

　　5.1　工业互联网总体布局　/ 097

　　5.2　工业互联网产业进展　/ 117

　　5.3　中国的优势和差距　/ 128

第六章　中国工业互联网典型实践案例　/ 137

　　6.1　特定场景数据深度分析优化类应用
　　　　 实践　/ 138

　　6.2　全局系统性优化类应用实践案例　/ 160

　　6.3　网络协同类应用实践案例　/ 172

　　6.4　模式探索类应用实践案例　/ 183

第七章　数字经济时代下工业互联网展望　/ 199

　　7.1　工业互联网发展机遇与挑战并存　/ 199

　　7.2　深入推进工业互联网发展的思考　/ 206

附录 A　《国务院关于深化"互联网+先进制造业"
　　　　发展工业互联网的指导意见》　/ 217

附录 B　《工业互联网发展三年行动计划
　　　　（2018—2020 年）》　/ 237

第一章

工业互联网的孕育和兴起

习近平总书记指出，网络信息技术是全球研发投入最集中、创新最活跃、应用最广泛、辐射带动作用最大的技术创新领域，是全球技术创新的竞争高地。世界经济加速向以网络信息技术产业为重要内容的经济活动转变。

以互联网、云计算、大数据、物联网、人工智能为代表的新一代信息技术创新发展日新月异，在让人们日常生活更加便捷和丰富的同时，也带来了生产力的又一次飞跃，驱动着以数字化、网络化、智能化为特征的新工业革命和以数据为关键要素的数字经济蓬勃兴起。

与此同时，世界经济仍处于深刻调整期，主要国家对制造业在国民经济、国家实力、国际地位中的基石作用形成共识，加紧推动"再工业化"，以期在新一轮科技革命和产业变革中抢占先机，赢得未来竞争主动权。而中国也正朝着两个一百年奋斗目标奋勇迈进，制造强国和网络强国成为全面建设社会主义现代化强国的重要内容和主攻方向。

在这样的历史大背景下，工业互联网应运而生，成为全球新工业革命的关键支撑、数字经济的重要组成,也成为中国制造强国与网络强国建设同步推进的中轴。

1.1 工业互联网产生的时代背景

1.1.1 新一轮工业革命正在到来

工业互联网的诞生并不是一蹴而就的,它是长期工业数字化进程在互联网时代的延续。早在 20 世纪中叶,随着计算机技术的诞生和应用,工业数字化进程就已开启。首先是数控机床的发明。1952 年,美国麻省理工学院利用电子计算控制技术,研制出第一台数控机床。此后,在编程技术、数字计算、半导体逻辑控制等技术的推动下,工业机器人、过程控制计算机、PLC(可编程序控制器)等现代工业关键设备也相继出现,工业生产步入数控化时代。随后,柔性制造系统的出现。1965 年,英国莫林斯公司研制出了第一套柔性制造系统,美国、日本、德国等国也纷纷跟进,开始加强柔性制造系统的研究和产业化,推动自动化、无人化车间的发展。接着 CAD 系统开始商用。20 世纪 60 年代,在麻省理工学院诞生了第一款 CAD 软件。70 年代,随着 CAD 技术自身的进步,以及软件工程、图形图像、数据库等技术的兴起和成熟,CAD 商用化时代来临,制造业逐步进入计算机集成制造阶段。再到后来,大型数字化管理系统投入应用。90 年代,互联网进入商用,桌面操作系统快速发展,计算能力飞速提升,信息时代来临。ERP(企业资源计划)、MES(制造执行系统)、PLM(产品全生命周期管理)等各类大型软件系统纷纷投入应用,制造企业的生产管控和组织管理能力得到全面提升。现代工业数字化历程如图 1-1 所示。

层级	单元级	车间级	部门级	企业级	产业级
阶段	设备数控化	产线柔性化	集成数字化	管理先进化	生产智能化
标志	数控机床、PLC	柔性制造系统	CAD/CAE/CAPP集成制造	ERP/MES/PLM应用，敏捷制造，精益制造	智能制造工业4.0先进制造
特征	数字自动化取代电气自动化，使加工精度、加工速度大幅提升	生产系统与流水线可动态调整，使设备利用率、产品质量提升	设计制造实现计算机集成，实现精准设计和精准生产快速联动	企业生产管控和组织管理全面信息化，企业实现高效管理	个性化、网络化、服务化、智能化成为生产新特征，制造业形态和理念出现转变
	50—60年代	60—70年代	70—80年代	90年代—2000年左右	2010年左右

图 1-1 现代工业数字化历程

可以说，现代工业发展史就是不断运用信息技术的革新史。今天，信息技术日新月异，已成为全球研发投入最集中、创新最活跃、应用最广泛、辐射带动作用最大的技术创新领域。

但近些年来传统制造业发展遇到了瓶颈，上一轮技术创新对制造业的拉动作用逐渐减弱，全球制造业生产效率的增长显著放缓。联合国工业发展组织的报告显示，全球 129 个国家制造业的平均劳动生产率在 1970—1990 年为 3.11%，在 1990—2012 年，年均增长为 3%，即全球制造业劳动生产率的增速在 1990—2012 年呈现较为明显的下降趋势。与此同时，发展中国家制造业高污染、高耗能的问题日益严重，资源环境压力使得现有粗放式发展方式难以为继。在资源能源环境压力增大、全球供需结构性失衡、个性化需求日益旺盛等各方面因素的驱使下，一批先导企业主动将新一代信息技术引入工业生产、服务体系中，在差异化、服务化、高效化等方面做文章，掀起了一轮更广范围、更深层次的融合浪潮。信息技术与工业深度融合，不仅催生了智能工业机器人、智能机床、无人驾驶汽车等一大批新的设备产品，而且使第二次工业革命以来上百年的生产形态和组织方式发生趋势性变化——由大规模同质化生产向个性化定制转变、由集中式生产制造向网络化协同制造转变、由产品本体制造为中心向"产品+服务"转变、由机器自动化向以万物互联为媒介和以数据为驱动的智能化制造转变。网络信息技术的广泛普及和深度应用，不仅再一次解放人类的"体力劳动"，而且开始大范围解放人类在工业生产中的"脑力劳动"。

以数字化、网络化、智能化为突出标志和主攻方向的新工业革命正在蓄势爆发，传统产业的发展理念和模式在新一代信息技术的作用下，正在悄然发生转变。

（1）数据成为关键生产要素。在数据采集、传输、计算能力呈指数级提升的今天，数据的作用已不仅仅是提供信息辅助决策，在很多情况下它直接参与价值创造。例如，生产中经验知识（Know-How）的固化、基于产品状态挖掘的主动运维、大规模个性化定制等，都离不开大数据的直接作用。因此，数据已成为除劳动力、土地、资本、技术之外新的生产要素，成为由工业社会迈向智能社会的标志性生产要素。承载数据智能的载体——平台，也因此扮演起新基础设施的角色，在要素集聚、资产优化、资源配置、价值挖掘等方面发挥至关重要的作用。

（2）用户成为产品生产的发起点。互联网、大数据、云计算技术的便捷高效、全局智能特性，与柔性生产系统、供应链管理体系充分结合，加速拉动式生产对推动式生产模式的替代。供给者与需求者之间的关系被重塑，无论是企业用户还是消费者用户，都成为产品生产的主动发起点，而不是被动接受点，需求多样、市场多变与大规模制造之间的矛盾得到有效解决，大规模个性化定制兴起。普通消费者甚至可以直接参与研发、制造、营销等生产过程，由单纯的消费者变成"产消者"。

（3）企业赢利来源由产品延伸为"产品+服务"。过去在绝大多数情况下，企业将产品交付到客户手中，并提供基础售后服务（如部署、辅导、维修等）后，产品就已抵达价值链的终点，因此以产品价格为基准的利润空间弹性非常有限。当产品能够自主采集数据并联网传输后，其运行数据可实时反馈到厂家，形成闭环，线性的价值链变成没有终点的价值环；厂家在大数据分析基础上，提供更精准的远程服务、主动服务，直击用户痛点，同时改进设计研发。产品本身不再是定价的唯一依据，附着在产品之上的服务提供了更大的想象空间。越是高价值的产品，服务为客户和厂家创造的价值在总价值中的占比就越大。于是出现了产品本身降价甚至免费、以租用或后服务的方式来获取利润的赢利模式，如航空发动机行业，美国通用电气公司（GE）的发动机的销售收入只占总收入的30%，而保养服务占了70%，罗尔斯·罗伊斯公司更是不直接销售发动机，而是通过租赁的方式收取费用[1]。

（4）产品迭代周期大幅缩短。在传统模式下，企业无法全面快速掌握供应链、产品销售及用户反馈情况，多采用大批量、标准化生产模式，产品创新周期长。互联网模式下，企业基于对市场数据的实时掌控和供应链的快速反应，产品的创新迭代周期得以大幅缩短。以网络服装企业韩都衣舍为例，通过设计和供应链创新，其服装新品从设计到上市的周期由传统模式下的3～6个月缩短到7～15天，更好地满足了多样化的市场需求。

---

[1] 中国工程院院士在2016世界互联网工业大会上的发言。

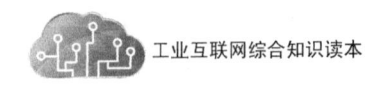

（5）组织体系扁平化发展。传统的金字塔式的分工架构不可避免地带来决策链过长、内耗严重、协作低效等"大公司病"，使企业难以对快速变化的市场做出及时反应，更无法使产品的研发设计做到快速迭代。久而久之，企业的竞争力在工作低效、浪费严重、错失机遇中被削弱，直至被淘汰。自 20 世纪 70 年代以来，扁平化成为企业管理追求的方向，互联网时代一方面进一步倒逼着企业加速管理变革，另一方面也为扁平化的发展提供了不可或缺的技术支撑。如海尔提出企业平台化、员工创客化模式，将企业人员分割成众多自组织的小型团队，根据业务需要进行灵活组合、快速响应。在此过程，互联网技术提供了关键支撑。通过这一创新实践，10 万海尔员工被转化为 2 万个"小微主"和创客，公司内共孵化出 1 000 多个创业项目，有效提升企业研发效率、缩短产品交货周期并显著降低运营成本。

1.1.2 数字经济蓬勃兴起

近年来，以云计算、大数据、物联网、人工智能为代表的新一代信息技术创新迅猛，在推动以信息产业为先导的新经济蓬勃发展的同时，更加速与经济社会各领域全面深度集成，催生以线上与线下一体、信息与物理融合为特征的新产品新模式，涌现出平台经济、分享经济、创意经济、体验经济等新业态，推动新业态、新模式、新产业加速成长，塑造更多依靠创新驱动的引领型发展，带动经济社会在经历农业经济、工业经济之后，迈入新的经济时代——数字经济时代。

数字经济是培育经济增长新动能、实现新旧动能接续转换的重要引擎，为世界经济可持续增长开辟了新道路、拓展了新边界。目前，世界各国加快网络信息技术融合应用战略布局，抢占经济发展先机和战略制高点。美国依托互联网优势加快对云计算、大数据、物联网、人工智能等前沿技术战略布局,先后发布了《先进制造战略》《先进制造业伙伴计划》等,强化利用网络信息技术再造制造业新优势。英国发布《数字英国战略》《英国2015—2018年数字经济战略》等,着力提升网络信息技术应用能力,以数字化创新驱动经济转型发展。德国实施工业4.0战略,构建网络化协同设计和制造体系,推广规模化定制模式,抢占先机,保持本国制造业全球领先地位。日本先后实施了e-Japan、u-Japan、i-Japan战略计划,近期又提出"超智慧社会"计划(Society 5.0),加快网络空间与社会空间的融合,促进经济增长。2016年在二十国集团杭州峰会上,二十国集团领导人首次提出全球性的《二十国集团数字经济发展与合作倡议》,探讨共同利用数字机遇、应对挑战,促进数字经济推动经济实现包容性增长和发展的路径。

在各国的积极推动下,全球数字经济高速发展。2016年,美国数字经济规模达到10.8万亿美元,位居全球第一;日本、德国数字经济规模均突破1万亿美元大关。数字经济成为发达国家经济复苏的核心动力。2016年,德国、美国、英国的数字经济占GDP的比重分别达到59.3%、58.6%和58.3%,日本、韩国、法国等发达国家也都超过30%。我国是全球数字经济发展最活跃的国家之一,2016年,总量达到22.6万亿人民币,仅次于美国,位居全球第二。2017年,我国更是达到27.2万亿元,同比名义增长超过20.3%,占GDP的比重达到32.9%,同比提升2.6个百分点。数字经济对GDP的贡献率为55%,成为我国经济增长的重要动力。

特别是在消费领域,我国数字经济发展全球领先,电子商务、移动支付、分享经济已成为中国数字经济融合创新的三张"名片"。2017年,全国网上零售额达到7.2万亿元,同比增长32.2%;移动支付交

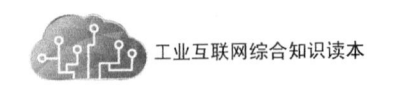

易超过 375 亿笔，交易金额超过 200 万亿元；共享经济交易额约 4.9 万亿元，参与总人数超过 7 亿。以线上线下融合为特征的新型信息消费已成为促进数字经济高速发展的力量源泉。一方面，信息消费群体快速扩张，"80 后""90 后"成为信息消费的中坚力量，信息消费移动化、个性化升级。另一方面，信息消费边界大幅拓展，信息服务从通信需求转向应用服务和数字内容消费，信息产品从手机、计算机向数字家庭、智能网联汽车等新型产品延伸，共享化、智能化和场景多元化趋势明显。近 5 年来，信息消费年均增幅为 21%，为同期最终消费增速的 2.4 倍，占最终消费支出的比重超过 9%。2016 年，我国信息消费规模达 3.9 万亿元，占最终消费的比重提高到 10% 左右。预计到 2020 年，信息消费规模达到 6 万亿元，间接带动经济增长 15 万亿元。

1.1.3 工业互联网顺势而生

当前，互联网创新发展与新工业革命正在形成历史性交汇。一方面互联网基于自身演进发展需要，正加速从消费互联网走向产业互联网，以拓展新的增长空间。从目前趋势看，互联网在生产领域呈现逆向渗透之势，由营销服务、研发设计向生产制造内部环节延伸。信息通信企业希望把握这一大趋势，开拓新业务、抢占新领域。基础电信企业、互联网企业等也纷纷入场跟进，共同推动产业互联网化进程。另一方面，工业界面向自身转型升级发展需要，正全方位借助信息通信网络、平台和技术等，实现业务全流程由数字化向网络化、智能化深度拓展。伴随云计算、物联网、大数据、人工智能等新技术逐步从概念和技术走向商业化成熟应用阶段，集成新一代网络信息技术，覆盖全系统、全价值链、全产业链和产品全生命周期的工业互联网应运而生。工业互联网正被越来越多的制造企业以及相关解决方案提供商

（包括工业自动化企业、软件企业、互联网企业、通信企业等）视为发展更高水平智能制造必不可少的基础和前提。

1.2 工业互联网成为全球产业竞争新焦点

1.2.1 美国的选择与工业互联网的提出

1. 美国工业互联网概念的形成

进入 21 世纪以来，美国一直都在探索制造业与互联网等信息技术融合发展，将其作为新世纪赢得竞争新优势的重要手段，2008 年金融危机后这一进程明显加快。2012 年，美国通用电气公司（GE）发布白皮书《工业互联网：打破智慧与机器的边界》。该白皮书对工业互联网进行了全面介绍，还重点阐述了发展工业互联网对促进经济持续增长的重要作用和意义。工业互联网一经提出便得到产业界的积极回应，2014 年美国企业发起成立工业互联网联盟（IIC），系统地开展工业互联网顶层设计与商业部署，工业互联网作为一种新产业迅速兴起。

从国家层面看，美国工业互联网概念的提出与"再工业化"和先进制造战略有着密切联系，而这些概念和战略都与 3 个重要的时代背景有关。

（1）长期以来美国经济存在"脱实向虚"的结构性问题。早在 20 世纪中期，以制造业为代表的实体经济曾在美国国民经济中占据主体地位。根据美国经济分析局提供的数据，1950 年美国制造业增加值占 GDP 的比重达到 26.8%。到了 20 世纪 60—70 年代，随着日本、德国等国制造业快速兴起,美国本土制造业遭受较大冲击。同一时期,美国深陷越南战争泥淖,财政赤字扩大,大量资本外逃,美元作为国际货币的地位受到严重冲击。20世纪70年代初,美国政府无力承担稳定美元汇率的责任,随即终结了布雷顿森林体系,并通过系列法案,开始实行宽松的货币政策,持续放宽对金融机构和产品的管制,大量金融衍生产品涌现。这一趋势持续了几十年之久,以金融和房地产业为代表的虚拟经济开始逐步取代传统制造业,在国民经济中占据主体地位。截至2006年,美国金融与房地产增加值占GDP的比重已达到20%。本土制造业的较慢增长与虚拟经济泡沫的快速膨胀形成鲜明对比,导致企业从事实体生产的意愿不断降低,而参与金融活动的意愿则逐渐增强。这直接导致企业经营行为日趋短期化、金融化,投资和再生产的资金也主要依赖金融负债,全社会的杠杆率不断攀升。2008年,长期过度膨胀和无序发展的虚拟经济终于引发了一场重创美国和世界的金融危机。

(2)产业结构失衡,空心化问题导致美国产业竞争力被持续削弱。20世纪50年代后,随着贸易全球化和投资自由化进程加速,资源要素和商品流动的成本不断降低,全球化产业分工的概念开始被广泛接受,美国企业逐步将制造流程中低附加值的加工环节向外转移,自身则重点关注前端研发、后端服务与品牌塑造。这一决策一方面强化了企业对高附加值的微笑曲线两端的控制,另一方面也导致美国制造业产业公地[2]的衰落,进而造成产业空心化问题。美国企业加速将制造环节外迁,导致产业公地失去了重要部分,与制造相关联的配套环节也随之衰落,如制造业基础设施、原材料供应企业、高素质的制造业劳动力等。这些要素的缺失最终导致产业公地分崩瓦解,使得依靠产

---

[2] 产业公地是指由各种具有专有技术、产业运作能力的企业组成的协作网络,其中就包括供应、加工制造企业等环节,产业公地聚集与形成的制造与技术能力可以为多个产业的发展提供支撑。

业公地的各类企业逐渐失去竞争力,迫于生存需要不得不跟随外迁。产业公地的衰落导致许多新技术、新产品诞生于美国,但产业化并不发生在美国,以致美国相关产业在发展到一定阶段后逐渐失去竞争力。

(3)以信息技术为代表的科技前沿领域快速发展,孕育新一轮产业革命。近年来,随着基础理论、工艺技术等不断突破,新一代信息技术、新能源、新材料等领域均取得革命性突破,全面步入跨越式发展新阶段。同时,不同行业之间的交叉融合正在加深,这些变化将会引发新一轮产业变革,对未来制造业产生颠覆性影响,并深刻改变全球制造业发展格局。

在以上3个背景下,美国政府一方面深刻反思过去"去工业化"发展模式存在的问题,认真吸取教训并提出"再工业化"战略;另一方面也充分认识到新一代信息技术与制造业的融合所形成的巨大创新动能,把以信息技术为核心的先进制造业列为未来重点发展方向,期望通过大力发展先进制造和工业互联网刺激经济增长,重塑国家竞争优势,抢占未来世界经济和科技发展的制高点。

从企业层面看,工业互联网概念的提出是美国制造业龙头企业顺应技术、产业变革大势,全面提升自身价值创造能力的重要选择。以GE为例,在近140年的发展历程中,它经历了数次技术和产业的颠覆性变革,多次面临过生产效率降低、供应端成本上涨、金融危机重创等困境。然而,在每一波变革浪潮中,GE都能紧紧抓住推动产业转型的新生产力,实现自身生产效率的增长与市场规模的扩张。2008年金融危机后,GE开始对企业发展模式进行重构,逐步剥离金融等与制造业无关的业务,放弃通过扩张、并购和整合的"外放型"增长方式,重点将企业价值和利润增长的方式调整为对制造流程深度优化、提高资产利用率、节约原材料和能源等。同时,GE还对过去十几年间互联网企业快速渗透各领域,不断颠覆行业规则,而工业企业

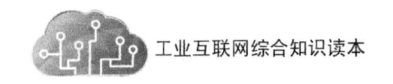

对此却反应迟缓的问题进行深入分析，试图找出传统制造业企业拥抱互联网，实现全面数字化转型的路径。面对近些年云计算、大数据、人工智能等新一代信息技术快速发展的时代浪潮，GE作为一家传统高端装备制造商，敏锐地认识到这些技术对于制造业的赋能作用，开始探索自身数字化转型之路。GE试图以海量设备连接和数据采集为基础，通过数据分析驱动和工业机理结合的方式打造新生产力，旨在解决长期困扰传统工业的质量、效率、能耗等问题。为此，GE还配套设计了一系列数字化转型战略，对组织、业务、流程和商业模式等进行全方位调整。

世界著名的工程机械制造商卡特彼勒公司（CAT）也是主动拥抱信息技术进行转型升级的典型代表。早在2007年，卡特彼勒的多款产品就已开始配备标准的网络通信模块，经过近十年的迭代优化，卡特彼勒的工程机械智能互联技术已十分成熟，在应用规模上实现了大幅增长。卡特彼勒的智能互联技术解决方案适用于自身或其他厂商的工程机械设备，除了能让客户了解基本的设备运行信息，还能提供全方位的专业知识服务，解决客户在施工现场面临的各种难题。2016年，卡特彼勒首次向全行业发布了《智能机器时代》（*The Age of Smart Iron*）战略，全方位介绍其提高企业生产效率、生产安全性和赢利水平的多种数字解决方案。

从以上案例可以看出：正是GE、卡特彼勒等龙头企业在不断强化自身数字化的基础上，努力实现在全面数字化转型的背景下，能够实时监测设备运转、深度优化企业运营、提升制造业效率从而释放更大生产力的工业互联网被提出。

此外，美国工业互联网的提出还与其强大的制造业和ICT（信息与通信技术）产业基础密切相关。美国是传统工业强国，制造业底蕴深厚，尽管过去几十年间制造加工环节持续外流，但美国企业在制造业原始创新方面依然具有显著优势，特别是在航空航天、半导体等行业领域拥有绝对优势。同时，美国ICT产业高度发达，作为世界第一互联网大国，美国在互联网技术、应用等方面引领全球发展，在互联网治理方面拥有绝对话语权。美国在工业和信息技术两个领域的优势，为工业互联网概念的提出和应用落地构筑了良好基础。

2．美国工业互联网提出的目的

2008年金融危机后，针对经济和产业发展遇到的空前困难，美国政府、产业界和学术界纷纷开始重新审视发展实体经济特别是制造业对于促进经济社会持久健康发展的意义。2011年6月，美国总统科学技术顾问委员会（PCAST）发布《保持美国在先进制造业的领导地位》报告，强调先进制造对美国经济发展的关键作用；同月，美国政府启动了《先进制造伙伴关系》（AMP）计划。就在一年后，GE以自身数字化转型实践为基础，正式提出工业互联网概念。工业互联网提出的目的，从企业层面看，是为了满足GE等龙头企业为推动自身数字化转型，实现价值创造能力与发展模式变革的需要，而从国家层面看，发展工业互联网是为了探索再创美国制造业辉煌的新实施路径。

在国家层面上，美国发展工业互联网的目的又可分为短期目的和长期目的两个方面。从短期看，美国希望通过发展先进制造与工业互联网，扭转经济脱实向虚趋势，吸引制造业向美国本土回流，稳定和促进就业，缩小贸易逆差，同时积极应对中、德等国的制造业振兴计划。从长期看，美国希望通过发展工业互联网，积累颠覆性的未来工业使能技术，巩固和扩大其在基础和前沿科技领域的优势，并积极将技术优势转化为先进制造业产业竞争优势，彻底变革制造业价值创造模式，实现产业全面升级，推动国家经济的长远健康发展。此外，过去美国存在产业结构失衡的问题，中低端产品的加工环节须要放到国外，这不利于构建一个完整、强大的制造业生态。美国希望通过发展

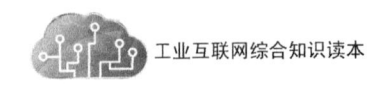

工业互联网，结合在页岩气能源方面取得的突破，大幅降低本土制造业成本，显著提升效率，以补足自身在加工环节的"短板"，重新获得对制造业生态的全盘掌控能力。

3. 先进制造、CPS与工业互联网

2012年2月，美国国家科学技术委员会发布《国家先进制造战略计划》（National Strategic Plan for Advanced Manufacturing），将先进制造确定为国家战略。美国的先进制造战略提出，要优先发展的先进传感器、控制和制造平台（ASCPM），以及可视化、信息化和数字化制造（VIDM）3个方向都与工业互联网直接相关。先进传感器是工业互联网感知能力构建的基础。ASCPM基于先进的互联网络基础设施，可实现智能制造过程中信息和机器设备的无缝集成，从而提高制造敏捷性和生产率。VIDM是一系列企业层级的智能制造技术集合，包括制造业端到端集成的发展、供应链效率的提升、过程安全的改善、制造技术柔性化等。VIDM依托稳健的网络安全架构和高性能共享型网络基础设施，运用可视化、数字化的制造技术帮助企业向客户提供最优化服务。从理念、实现方式和应用效果等方面进行比较，ASCPM和VIDM都与工业互联网十分类似，三者均通过智能传感设备获取数据，利用网络实现数据的自由流动，以及运用高级分析工具对数据进行深度分析，进而驱动工业智能决策。

信息物理系统（Cyber-Physical Systems，CPS）是集成计算、通信与控制于一体的智能系统，能够实现信息系统与物理系统的深度融合。2006年，美国国家科学基金会（NSF）召开了国际上第一个关于CPS的研讨会，详细描述CPS概念，为未来研究指明了方向。此后，美国政府、学术界高度重视CPS基础研究，投入大量资源不断完善CPS科学体系。2007年7月，美国总统科技顾问委员会（PCAST）发布《挑战下的领先——竞争世界中的信息技术研发》报告，列出八大关键信息技术，CPS 位列首位。作为美国应用研究的主管机构，国家技术与标准研究院（NIST）最早注意到 CPS 的产业应用潜力，2010 年 NIST 开始向产业界介绍 CPS 相关技术及其在工业中的应用潜力。CPS 在工业领域的应用并不是传统的信息系统与工业系统的简单集成，与过去工业领域基于经验、规则的控制和信息系统关注数据随着生产活动流转的模式不同，CPS 更多的是依托智能传感、物联网等技术对机器设备等实时感知、动态控制，并通过强化机器的自主认知能力和基于数据分析的决策能力，实现工业系统与信息系统在感知、分析、决策和管理等方面的深度融合。以 GE 为代表的工业企业长期以来高度关注 CPS 发展，可以认为，正是受到 CPS 理论的影响，GE 等行业巨头才提出了工业互联网。

1.2.2　德国的选择与工业 4.0 的源起

1. 工业 4.0 提出的背景

德国作为制造业发达的经济体，是欧洲第一大商品出口国，其汽车、机械、工业自动化设备等产品在全球范围内享有盛誉。历经国际金融危机和欧债危机后，德国依靠良好的实体经济基础和制成品出口拉动效应，较好地抵御了经济危机带来的冲击。然而，在后危机时代，德国的经济和产业发展依然面临挑战。

（1）受到经济危机的持续影响，世界各主要国家经济复苏乏力，部分新兴国家的经济增长也开始放缓，这些因素的叠加导致外部需求不振。德国作为一个以工业产品出口为主导的外向型国家，2006 年以来工业出口总值的增长陷入了停滞状态，这在一定程度上影响了德国经济的发展。由于德国出口的商品长期以来都是以技术领先、质量优良而非价格低廉取胜，所以如何在经济新常态下通过结构变革和产业升级，进一步强化德国制造在品质方面的比较优势，以及有效开拓市场成为德国政府和产业界首先想要解决的问题。

（2）当前消费者需求不仅个性化、多样化，而且需求转变迅速，市场节奏明显加快，这让很多传统制造企业不知所措。德国企业都希望能够改变传统的以"硬"产品为核心的制造思维模式，将新一代的信息化技术融入制造业体系，为开展定制化生产和个性化服务等高附加值活动创造条件。

（3）德国在互联网等新兴产业方向上相对落后，目前全球市值排名前 20 位的互联网企业中没有一家欧洲企业，包括德国在内的欧洲消费互联网市场基本上被美国企业垄断。面对美国企业在消费互联网领域的绝对领先优势，德国想要扭转局面，唯有另辟蹊径，依托德国制造业综合优势，在"产业+互联网"方向上发力。

（4）劳动力成本上涨较快，德国制造业工资水平长期高于欧盟平均水平，并且从 2011 年起，德国单位劳动力成本增速已开始超越欧元区平均增速。同时，德国还面临严重的劳动力短缺问题，多重因素叠加使得未来德国劳动力成本还会持续上涨。

（5）来自其他国家的挑战。中国制造业近年来发展迅速，已成为德国的强劲对手，中国企业具备很强的大规模生产能力和成本方面的比较优势，产品的技术含量与质量也在稳步提升，已经开始对外输出机床、汽车、高铁等高附加值产品，在中高端领域与德国等传统工业强国展开竞争。此外，美国、日本等国均积极出台先进制造政策，不断推动新工业化进程，也给德国带来了压力。

近年来随着互联网等新兴技术快速发展，并且加速向实体经济各领域渗透，德国政府和产业界敏锐地认识到两点：一是信息技术强大的赋能作用，潜力不可估量。二是制造业与信息技术融合发展必将带来产业突破与重构，引发第四次工业革命。从发展基础看，德国具备抓住第四次工业革命机遇的条件。在硬件方面，德国工业基础雄厚，制造体系和产品链条十分健全，在机械装备、电气工程、自动化、医药等方面优势明显；西门子、博世等龙头企业引领行业数字化转型，发展势头强劲；众多"隐形冠军"企业也具备向产业链提供专业化解决方案的能力。在软件方面，德国企业在 CAX、ERP、MES、PLM 等核心工业软件领域都占据主导地位。在基础技术方面，相关企业在材料、元器件等领域技术积累深厚，一直处于全球领先位置。

2．工业 4.0 提出的目的

德国提出工业 4.0 的目的是在制造业成本不断上涨和外部竞争挤压的背景下，依靠产业变革来增强本国制造业核心竞争力，一方面为装备产品出口打开新市场，另一方面转变过去只卖产品而售后服务收入比例偏低的状态，将制造价值创造从产品端向服务端延伸，增强德国制造产品的持续赢利能力。从总体上看，德国制造的传统优势在于核心技术研发与产品制造，由于多种原因，目前市场对于产品本身的需求已接近饱和，德国制造未来的发展空间必然在提供高效集成方案与增值服务这两个方向上。德国传统制造业巨头们希望借助工业 4.0 体系，以高质量产品为基础，融合新一代信息技术，形成具有极强竞争力的集成解决方案，面向全球推广，为制造业创造新的价值增长点。

德国工业 4.0 的提出还有一个重要目的，就是促进制造业大、中、小企业融通发展，保持制造业生态发展活力。以西门子、博世等为代表的德国工业巨头拥有雄厚的资金实力、专业的技术积累并占据着市场主导地位。面对新的产业变革大潮，它们完全能够依靠自身实力进行技术和模式创新，实现跨越式升级。然而，德国还有大量的中、小企业并不具备良好的数字化转型基础和能力，这些企业虽然是某些垂直领域内的"隐形冠军"，但实现信息技术和传统技术的深度融合需

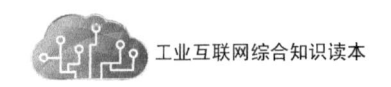

要大量成本投入,包括资金、人才等,高昂的转型成本已成为这些中、小企业追赶工业革命浪潮中遇到的最大障碍。工业4.0提出后,在德国政府的牵头下,各工业巨头共同参与工业4.0的研究和框架制定,不仅是为拓展未来新市场,更是为了帮助德国中小企业降低数字化转型成本,以及通过大企业的落地项目,带动产业链上下游的中、小企业一同发展,让所有企业都能实现数字化转型,分享发展成果。

3. 基于CPPS的工业4.0

德国在工业4.0中专门提出CPPS(Cyber-Physical Production Systems)概念,即应用在生产过程的CPS。CPPS是利用CPS技术实现人、设备与产品的实时连通、相互识别和有效交流,进而构建起一种数字化、虚拟化、网络化的制造模式。在这种模式下,生产由集中向分散转变,产品由趋同向个性的转变,用户由部分参与向全程参与转变。而要实现这些转变,必须将资源、信息、物体以及人紧密联系在一起,即将物理生产设备与数字化模型有机结合,并基于统一的数据基础,对所有数据进行管理和有效应用,实现智慧生产与服务。为了全面推广CPPS部署及相关理念的普及,德国工业4.0专门制定了"双领先"战略,即对外实施"领先供应商战略",对内实施"领先市场战略"。"双领先"战略着重发挥德国在先进制造技术解决方案方面的优势,依照制造业的特定需求对信息技术进行适配优化,帮助企业创新商业模式,升级价值链,还通过实施示范工程来降低中小企业应用CPPS等技术的门槛。

1.2.3 重塑国际竞争新优势的共同选择

纵观世界工业发展史,几乎每一次产业革命都为各国转型升级进程铺设了大体一致的路径。在新一轮科技革命和产业变革浪潮下,以信息技术为基础支撑，跨领域融合所产生的技术上的变革，对制造业的促进和催化作用非常明显，使得制造业呈现出网络化、智能化、服务化的新特征。德国和美国虽然为此分别提出了不同的战略概念、模式和路线图，但在新一轮产业革命的大背景下，工业互联网与工业 4.0 也存在诸多共同点。

1. 相同的时代背景

工业互联网与工业 4.0 这两个概念都是在同一历史时期（2012—2013 年）提出的，通过对这一时期两国的产业发展背景进行梳理可以发现，美、德两国都面临着过去经济发展模式累积的深层次矛盾日益凸显，制造业成本上升、竞争力下降、产业发展放缓的困境。面对相似的发展环境，美、德两国又都认识到信息技术和工业的融合会引发新的产业革命。正是在现实的倒逼下，美、德两国分别提出了基于各自不同发展现状，但又拥有相似目标和诉求的新工业发展路线与技术框架，希望借助新一代信息技术帮助本国制造业重塑竞争优势。

2. 一致的发展方向

数字化、网络化和智能化已成为制造业未来发展的主要方向。美、德两国在编写制造业发展规划时，都不约而同地提出通过打造跨领域的工业互联架构，让企业运用新技术、新模式提高生产效率，增强产品和服务的市场竞争力。工业 4.0 侧重于将信息技术与传统工业系统紧密结合，把工厂的数字化和智能化建设作为产业升级的核心，希望通过打造软硬件融合与虚实结合的"智能工厂"，全面提升企业生产运营效率。工业互联网侧重于通过云计算、大数据、人工智能等信息技术赋能，增强传统企业的"软实力"，以此来触发商业模式创新和生产效率的大幅提升，进而实现转型升级。

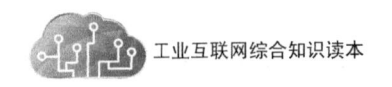

3. 趋同的内核实质

工业互联网和工业 4.0 都是以新一代信息技术为基础，通过建立泛在的连接与感知能力，进行实时数据的收集、传输、处理和反馈。工业 4.0 计划提出，通过信息网络与工业生产系统的充分融合，打造数字工厂，实现价值链上企业间的横向集成，网络化制造系统的纵向集成，以及端对端的工程数字化集成，来改变当前的工业生产与服务模式。工业互联网提出，要将带有内置传感器的机器、复杂信息系统与其他机器、人连接起来，从中提取数据并进行深入分析，挖掘生产或服务系统在效能优化、质量提升等方面的潜力。工业互联网和工业 4.0 都是将 CPS 作为自身技术理论基础，用于指导改善各自系统运行的自主性、可用性和可靠性。工业 4.0 还专门提出了以 CPS 技术为核心的 CPPS，并将其摆在重要位置（CPPS/CPS 是各类工业 4.0 实施建议报告中出现频率最高的词汇）。而 CPS 发源和基础理论研究都集中在美国，工业互联网概念的提出也是以此为基础，目前 CPS 的内涵和功能均已被 GE 等美国企业融合在工业互联网具体实践中。

1.3 中国工业互联网的提出

党的十九大做出从全面建成小康社会到基本实现现代化、再到全面建成社会主义现代化强国的新时代中国特色社会主义发展的战略安排。工业作为现代化建设的重要内容，迫切须要利用新一代信息通信技术开展融合创新，以加速转型升级步伐和现代化发展进程。工业互联网作为制造业和信息通信技术融合发展的关键承载，正成为经济"转方式、优结构、换动力"的关键抓手。

1.3.1 经济转型发展要求加快发展工业互联网

中国特色社会主义进入新时代，我国社会主要矛盾已经转化为人民日益增长的美好生活需要和不平衡、不充分的发展之间的矛盾。当前，我国制造业已由高速增长阶段转向高质量发展阶段，发展不平衡、不充分的一些突出问题尚未解决。工业互联网将构建起全要素、全产业链、全价值链全面连接的新型工业生产制造和服务体系，成为促进传统产业转型升级、实现高质量发展的关键支撑，成为建设现代化经济体系的根本依托。

1. 加快发展工业互联网是中国实现高质量发展的客观要求

工业互联网是推动质量变革、优化供给结构的重要抓手。质量变革，是一场从宏观到微观、从理念到具体、从目标到行动的全方位变革，是全面建成小康社会、建设社会主义现代化强国的必然要求。我国已发展成为具有全球影响力的制造大国，基本解决了"有没有"的问题，现在亟须解决"好不好"的问题。工业互联网以网络化增强要素配置效率，以集成化提高管理决策水平，以智能化提升产出效能，不断优化制造业供给结构，推动我国制造业加快向全球价值链中高端跃升。一是提升产品质量，解决低端产能过剩与高端供给不足的矛盾。工业互联网推动功能单一的产品向"网络+智能制造+产品+服务"系统转变，有利于满足人民个性化、多样化、高端化的消费需求。二是优化企业流程，解决传统管理僵化与现代管理方法缺失的矛盾。工业互联网实现企业各层级数据资源的端到端集成，推动业务流程优化再造，倒逼企业管理方式向扁平化、网络化、柔性化转变。

工业互联网是推动效率变革、转变发展方式的重要动力。市场竞争的本质是效率的竞争，就是以既定的投入获取最大的产出。我国仍是发展中国家，与先行工业化国家相比，我国现代工业起步晚、积累少、底子薄。1978年，党的十一届三中全会做出了把党和国家工作中心转移到经济建设上来、实行改革开放的历史性决策，我国制造业从此有了飞跃式发展。但总体来看，我国制造业发展的质量和效益与美、德、日等制造强国相比尚有较大的差距。以劳动生产率为例，根据国际劳工组织2018年5月的测算，2017年我国劳动生产率大约是美国的12%、德国的14%[3]。推动效率变革，关键是提高要素配置效率和全要素生产率，优化生产关系，推动制造业向智能化、服务化、绿色化转型。一是以提高要素配置效率为目标，大力发展新经济。通过工业互联网跨设备、跨系统、跨厂区、跨地区的全面互联互通，实现工业生产的资源优化、协同制造和服务延伸，提高资源利用效率，催生大规模个性定制、网络协同制造、服务型制造、智能化生产等新模式、新业态。二是以提高全要素生产率为目标，助力传统产业加速转型升级。工业互联网促进工业数据充分流动，实现多元化数据的广泛汇聚与深度挖掘，重构传统工业制造体系和服务体系，实现各种生产和服务资源在更大范围、更高效率、更加精准的优化配置，支撑服务供给侧结构性改革，全面提升工业经济发展的质量和效益。

工业互联网是推动动力变革、实施创新驱动的重要内容。动力变革就是为适应现代化经济体系建设的需要，将传统要素驱动转变为创新驱动，让创新成为引领发展的第一动力。习近平总书记强调，中国如果不走创新驱动发展道路，新旧动能不能顺利转换，就不能真正强大起来。近年来，我国重大创新成果竞相涌现，一些前沿方向开始进入并跑、领跑阶段。但是我国科技创新在视野格局、创新能力、资源

---

[3] http://www.ilo.org/ilostat/faces/oracle/webcenter/portalapp/pagehierarchy/Page3.jspx?MBI_ID=49&_afrLoop=76235798936218&_afrWindowMode=0&_afrWindowId=jxrx0sgwf_18#!%40%40%3F_afrWindowId%3Djxrx0sgwf_18%26_afrLoop%3D76235798936218%26MBI_ID%3D49%26_afrWindowMode%3D0%26_adf.ctrl-state%3Djxrx0sgwf_62

配置、体制政策等方面存在诸多问题。例如，2017年我国科技进步对GDP的贡献率为57.5%[4]，而以色列科技对GDP的贡献率已超过90%[5]。推动制造业动力变革，就是要更多发挥数据、信息、知识等新型生产要素作用，打造网络化、协同化、共享化的创新体系，培育发展新动力、塑造更多发挥先发优势的引领型发展。一是大力发展工业互联网，能更好地打造制造业创新体系，使创新活动突破空间的界限、组织的约束，打破封闭式、中心化的创新模式，全面提升原始技术创新效率，加速创新成果产业化。二是依托工业互联网平台形成服务大众创业、万众创新的多层次公共平台，实现跨企业、跨领域、跨产业的广泛互联互通，打破"信息孤岛"，促进集成共享，推动第一、二、三产业及大中小企业跨界融通发展。

2. 创新发展工业互联网是党中央国务院审时度势做出的重大战略部署

为全面抢抓尚未完成工业化情况下的信息化先机，充分发挥新一代信息通信技术对制造业的引领和带动作用，党中央、国务院立足现实国情，顺应制造业转型升级和创新发展的时代要求，进行了系统部署。须要说明的是，中国工业发展史与全球一样，也是不断运用信息通信技术实现融合发展的历史，只是不同阶段融合发展的范围和层次有差异，融合的模式和路径有不同，支撑融合发展的技术手段有演进创新。国家对融合发展的指引，也因此呈现出持续引导、不断递进的特点。

党的十六大以来，党中央、国务院统揽技术和产业发展大势，积极统筹部署推进制造业与互联网等信息通信技术深度融合。早在2002年，党的十六大就提出"以信息化带动工业化、以工业化促进信息化，

---

[4] http://news.china.com.cn/2018-02-26/content_50608974.htm
[5] http://finance.ifeng.com/a/20161116/15010818_0.shtml

走新型工业化的道路"，党的十七大提出"大力推进信息化与工业化融合"，党的十八大又进一步提出信息化和工业化深度融合是我国走新型工业化道路的重要途径和必然选择。党的十九大提出了"加快建设制造强国，加快发展先进制造业，推动互联网、大数据、人工智能和实体经济深度融合"，这是两化深度融合在新时代的发展任务和目标。尽管两化融合的实践在不断发展，认识与理论也在与时俱进，但推进两化融合的总方向和大目标是一以贯之的。

聚焦工业互联网推动两化融合走向深入。党中央、国务院准确把握时代大势，将发展工业互联网作为掌握先机、赢得未来的战略抢抓方向，及时部署引导工业互联网发展。早在2014年9月，开始部署工业互联网相关研究工作。2015年，在《中国制造2025》中，提出加强工业互联网基础设施建设规划与布局，建设低时延、高可靠、广覆盖的工业互联网。2016年5月印发的《关于深化制造业与互联网融合发展的指导意见》，强调加快构筑工业互联网等制造新基础。同年7月发布的《国家信息化发展战略纲要》也明确要求推动工业互联网的创新发展。2017年11月，国务院印发《深化"互联网+先进制造业"发展工业互联网的指导意见》（简称《指导意见》），全面部署工业互联网的网络、平台、安全三大功能体系。《指导意见》成为引领工业互联网发展的纲领性文件，推动国家工业互联网政策体系不断完备。

2017年12月，习近平总书记在中共中央政治局第二次集体学习时再次强调，"要深入实施工业互联网创新发展战略，系统推进工业互联网基础设施和数据资源管理体系建设……加快形成以创新为主要引领和支撑的数字经济"。总书记深刻阐述了发展工业互联网的重要性，将引导产业各方以工业互联网为重要抓手，继续做好两化深度融合这篇"大文章"，推动传统制造业转型升级、加快培育新的经济增长点。国家层面对工业互联网的相关部署如图1-2所示。

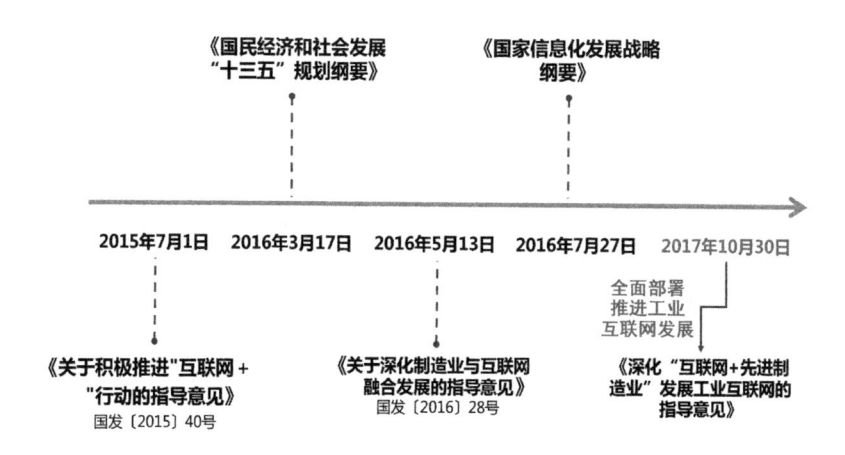

图 1-2　国家层面对工业互联网的相关部署

1.3.2　我国已具备发展工业互联网的现实基础

改革开放 40 年来，我国工业取得了举世瞩目的成就，形成了基础设施完善、规模总量领先、产业体系齐备等优势。互联网产业也快速发展，应用创新十分活跃，这些都为发展工业互联网提供了良好的现实基础。

1. 工业基础不断夯实，结构不断优化

自 2010 年以来，我国连续保持全球工业第一大国地位，工业门类齐全、体系完整，具有联合国产业分类中所列举的全部工业门类。载人航天、大飞机、高铁、集成电路等多个重大领域技术取得突破性进展。制造业数字化、网络化、智能化水平稳步提升。2017 年，数字化研发工具的普及利用率达到了 63.3%，制造业的骨干企业互联网"双创"平台普及率达到了 70%，设备和设备之间联网率达到 39%[6]，关

---

[6] http://www.gov.cn/xinwen/2018-01/30/content_5262153.htm#allContent。

键工序数控化率达到47.4%[7]。特别是近年来,通过深入推进供给侧结构性改革,推进制造强国建设,我国制造业发展质量效益取得了明显提升。2018年,全国规模以上工业增加值同比实际增长6.2%,工业增加值总规模达30.5万亿元,占GDP比重的1/3,规模以上工业企业利润增长10.3%。先进制造业取得了快速发展,带动制造业结构持续优化,战略性新兴产业、高技术制造业、装备制造业增加值同比分别增长8.9%、11.7%、8.1%。工业发展水平的不断提升,特别是信息化水平的持续提高,为工业互联网的应用奠定了基础。

2. 继续保持网络大国地位,短板加速弥合

近年来,我国高度重视信息通信产业发展,并取得积极进展。

(1)信息基础设施能力进一步巩固。我国已建成大容量、高速率的信息通信网络,拥有全球最大、世界领先的光纤通信网络和移动通信网络。4G网络覆盖所有城市和主要乡镇,用户数达到11.7亿户。骨干传输网正向超高速、大容量、智能化演进,骨干网网间互联互通结构优化、带宽扩容,国际出入口通信能力稳步提升。

(2)应用基础设施加快优化部署。数据中心迅猛增长,逐步向规模化、集中化、绿色化、布局合理化的新一代数据中心演进。内容分发网络(CDN)发展加快,物联网布局提速,窄带物联网(NB-IoT)网络已基本覆盖所有直辖市和省会城市。

(3)技术产业实现跨越式发展。移动通信历经了2G跟随、3G突破和4G同步,正在努力争取实现5G引领。高端芯片、基础软件、工业软件等产业基础持续增强,国产超级计算机和商用IT设备突破发展。云计算骨干企业业务收入翻倍增长,大数据产业集聚效应更加

---

[7] 苗圩:做大做强软件产业 培育新增长点形成新动能,见 http://www.cena.com.cn/ia/20180629/94313.html。

明显。2018 年我国私有云和公有云市场规模同比分别增长 44.4%和 22.9%，云服务快速普及。

（4）网络安全保障体系日益健全，法律制度日渐完善、安全防护水平显著提升、网络环境治理成效显著、产业支撑能力稳步提高，呈现出网络安全技术密集化、产品平台化、产业服务化等新特征。随着信息基础设施不断完善、技术创新能力显著提升，以及信息服务和应用日益丰富，使互联网向工业领域的延伸具备更加坚实的基础支撑。

3. 融合发展深入推进，生态体系稳步形成

制造业与互联网融合实践不断推进，在深度和广度上不断拓展，逐渐形成先行企业积极探索、产业协同日益紧密、政府推进因势利导的良好局面。

（1）面向工业领域对网络低时延、广覆盖、高可靠需求，相关企业正推动 IPv6、标识解析、窄带物联网（NB-IoT）、软件定义网络（SDN）等关键技术在工业领域加速应用。

（2）以平台为核心的生态化发展不断推进，一批面向垂直领域的本土工业互联网平台建成并实现商业部署，如航天科工的"航天云网"、海尔的 COSMOPlat、三一的"树根互联"等，为强化我国工业互联网平台生态服务能力打下一定基础。

（3）融合应用实践向多领域拓展，探索出车间网络化改造、联网产品智能服务、网络化协同制造及大规模个性定制等多样化的应用模式，并在家电、服装、机械、飞机、石化、钢铁、橡胶、工业物流等领域广泛普及。这为进一步深化工业和信息通信技术的融合发展提供了可资借鉴的参考，为工业互联网后续快速推进提供了基本保障。

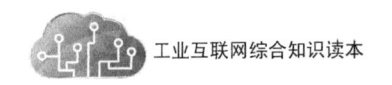

1.3.3 探索有中国特色的工业互联网发展之路

我国整体上进入工业化中后期，正由高速增长阶段转向高质量发展阶段，传统比较优势逐步削弱。外部有发达国家"再工业化"和发展中国家工业化进程加快的双重挤压，内部有发展不平衡、不充分的挑战。须要紧扣我国社会主要矛盾变化，着眼现代化经济体系建设，以供给侧结构性改革为主线，以工业互联网创新发展为抓手，立足现实国情和比较优势，积极探索中国特色工业互联网发展之路，推动制造业发展加速迈向中高端。

1. 立足中国现实基础，制定合理发展路径

从经济社会发展看，我国仍处于并将长期处于社会主义初级阶段的基本国情没有变，我国是世界最大发展中国家的国际地位没有变。从工业自身发展看，虽然有了长足进步，但是我国仍处于工业化中后期，信息化程度不高，信息化对工业化的带动作用尚未充分发挥，使得工业 2.0 和工业 3.0 并存。这意味着我们必须追赶与补课并行，即不仅要追赶工业 4.0，还要在工业 3.0 方面补课。这同时也意味着工业互联网是在工业化和信息化水平相对不足的基础上推进的，这与美国、德国、日本等发达国家在发展基础上有着显著不同，也决定了我国工业互联网的发展不能完全照搬国外路径。此外，我国工业信息化发展具有突出的不平衡性，根据《中国信息化与工业化融合发展水平评估蓝皮书（2016）》，东部两化融合平均指数是 89.17，中部是 75.36，西部是 63.72，东中、中西、东西部差值分别为 13.81、11.64 和 25.45，且差距呈扩大趋势。这种区域发展基础的差异性，也要求工业互联网的发展和推进要考虑目标和路径的多样性。

2. 发挥中国比较优势，多方联动推进工业互联网发展

与其他国家相比，我国在发展工业互联网方面具有独特的比较优势，具体如下：产业链完备，可有效形成合力，实现多元融合创新发展；应用场景丰富、应用主体众多，容易形成国内市场需求牵引下的良性发展生态。此外，我国还有着集中力量办大事的制度优势，这样能够快速、高效地汇集各方资源实现工业互联网重点领域突破。我们只要利用好这种比较优势，找到差异化发展之道，就能实现工业互联网快速发展。也只有充分发挥比较优势，才能够在激烈的竞争中实现突围，抢占发展主动权。

与其他产业相比，工业互联网是制造业和新一代信息通信技术的全方位、深层次跨界融合，其运行以全产业链、全生命周期的网络互通为前提和基础。同时，对网络和数据的安全性、可靠性等也提出了更高更严要求，使其在技术实现上更加困难，在推广应用上更多显性和隐形壁垒。唯有产业界、学术界、政府各方深度合作，才有可能在短期内攻坚克难、实现突破性发展。另外，当前全球工业互联网正步入规模化扩张的战略性机遇期，如果不调动国内产业各方联手"补短板、破重点、强生态"，我国就有可能错失发展良机，在新一轮全球产业竞争中再次处于不利地位。

第二章 工业互联网的体系构成

工业互联网具有丰富的内涵，它不仅仅是网络基础设施，还是具有融合特征的新模式新业态，更是对当前工业生态体系的重塑。在构成上，工业互联网包含网络、平台、安全三大功能体系，这三者也代表了工业互联网发展的重点方向。工业互联网是互联网由消费向生产延伸、制造业由单点智能向全局优化发展相交织的产物，多元化的主体与其发展所依托的环境共同构成了工业互联网产业生态。

2.1 工业互联网的内涵解析

2.1.1 工业互联网界定

工业互联网是满足工业智能化发展需求，具有低时延、高可靠、广覆盖特点的关键网络基础设施，是新一代信息通信技术与先进制造业深度融合所形成的新兴业态与应用模式，更是在此基础上形成的全新工业生态体系。工业互联网示意如图2-1所示。

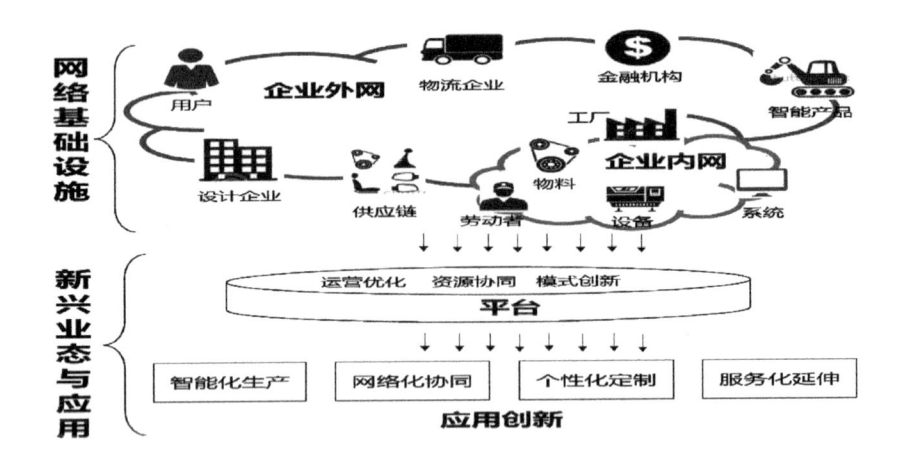

图 2-1 工业互联网示意

工业互联网具有两大突出特性。一是基础性，通过构建包含企业内网络、企业外网络[8]的新型网络设施，形成连接工业全要素和实现资源优化配置的工业互联网平台，为工业智能化升级提供关键基础设施支撑。二是渗透性，工业互联网不仅服务制造领域，未来还能拓展应用到实体经济各部门，为各产业网络化、智能化升级提供基础设施支撑，从而促进经济转型升级。

工业互联网由网络、平台、安全3个部分构成，网络是基础、平台是核心、安全是保障，如图 2-2 所示。具体而言，"网络"是实现工业全系统、全产业链、全价值链泛在深度互联的基础。通过打造低延时、高可靠、广覆盖的网络基础设施，实现数据在产业链各环节无缝传递，从而支撑形成实时感知、协同交互、智能反馈的生产模式。"平台"是工业全要素链接的枢纽，也是工业资源配置的核心。平台下连设备、上载应用，通过海量数据汇集、建模分析与应用开发，推动制造能力和工业知识的标准化、软件化、模块化与服务化，支撑工业生产方式、商业模式创新和资源高效配置。"安全"是工业互联网

---

[8] 产业界一般称为工厂内网络和工厂外网络，两个内涵没有区别。

健康发展的保障。通过建立工业互联网安全保障体系，实现对工厂内外网络设施的保护，避免工业智能装备、工业控制系统受到来自内部和外部的攻击，保障工业互联网平台及其应用可靠运行，降低工业数据遭泄露、篡改的风险。

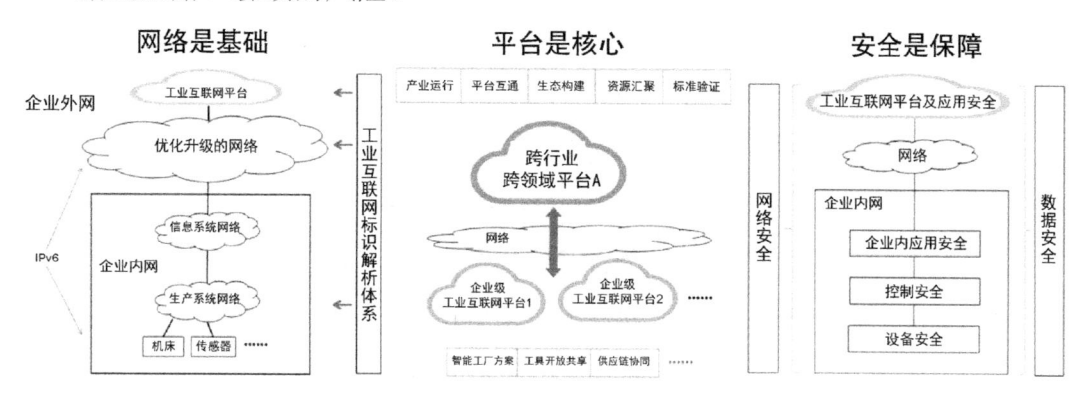

图 2-2 工业互联网构成

2.1.2 工业互联网网络

工业互联网网络（见图 2-3）体系是支撑数字经济发展和实体经济转型的新型基础设施，通过构建工业环境下人、机、物全面互联的关键基础设施，实现工业设计、研发、生产、管理、服务等产业全要素的泛在互联，包括企业内网络和企业外网络。其中，企业内网络实现工厂内机器、物料、生产线、信息管理系统和人等生产要素的广泛互联；企业外网络实现生产企业与智能工业产品、用户、供应链、协作企业等工业全环节的广泛互联。

工业互联网网络推动制造体系实现设备全面互通、系统集成和数据互操作。工业互联网综合运用现场总线、工业以太网、工业无线网络、IPv6、5G 等技术，改造工厂内外网络，构建具备时延更低、可靠性更强、安全性更高等特性的新型网络基础设施，实现人、机器、车间、企业等主体，以及设计、研发、生产、管理、服务等产业链各环节的泛在网络互联，支撑工业数据的采集交换、集成处理、建模分析和反馈执行，为大规模个性定制、网络协同制造、服务型制造、智能化生产等新型生产和服务方式的实现提供有力的基础支撑，促进制造业资源要素和产业体系全局性优化，加速创新方式、生产模式、组织形式和商业范式变革。

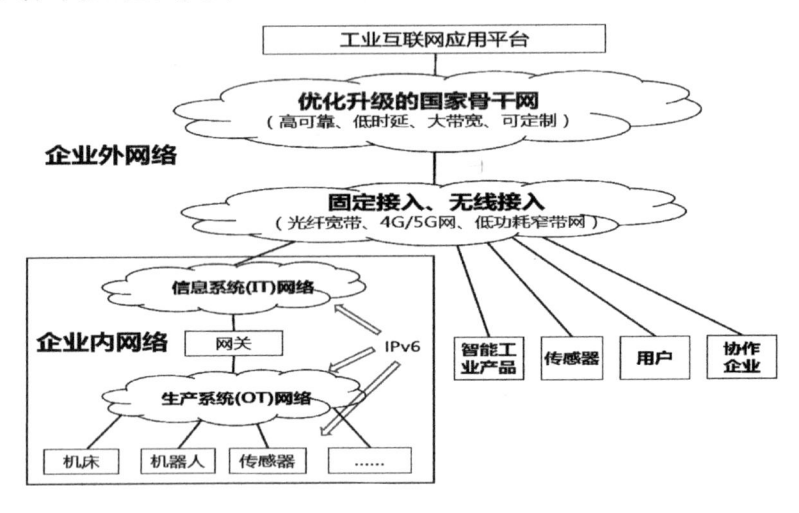

图 2-3 工业互联网网络

作为工业互联网网络体系的重要组成部分，标识解析体系类似于互联网领域的域名系统（DNS），是全球工业互联网稳定运行的核心基础设施之一。标识解析体系的核心包括标识编码和解析系统，其中，标识编码指能够唯一识别机器、产品等物理资源和算法、工序等虚拟资源的身份符号，类似于机器和物品的"身份证"；解析系统指利用标识编码查询目标对象网络位置或者相关信息的系统装置，能够对机器和物品进行唯一性的定位和信息查询。

工业互联网标识解析体系是实现全球供应链系统和企业生产系统精准对接、产品全生命周期管理和智能化服务的前提和基础。工业互联网标识解析体系能够对异主、异地、异构的信息实现智能化关联，使企业能够实时掌握制造流程各环节的最新状况，有效降低库存，改善物流效率，提升供应链管理能力，为深挖用户需求和产业运行趋势提供必要的信息。同时，还能提供产品全生命周期管理服务，实现各类产品来源可查、去向可追、责任可究，显著提升产品质量水平，保障群众消费安全和社会公共安全。标识解析示意如图 2-4 所示。

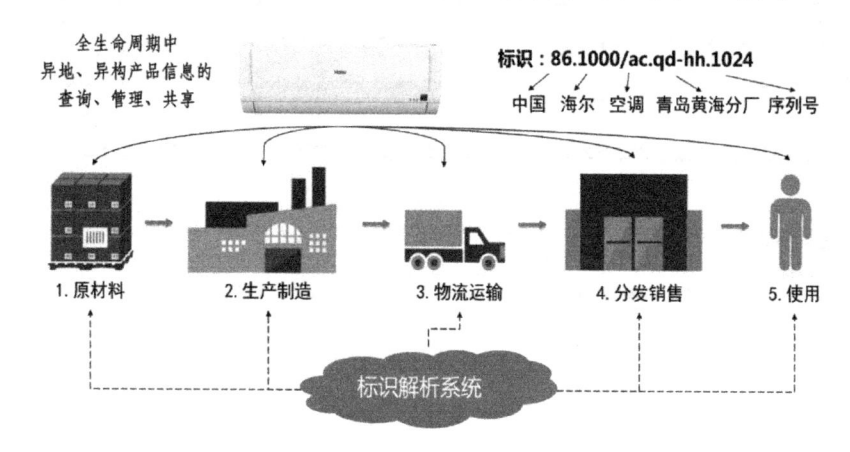

图 2-4　标识解析示意

2.1.3　工业互联网平台

工业互联网平台（见图 2-5）是面向制造业数字化、网络化、智能化需求，构建精准、实时、高效的数据采集互联体系，建立面向工业大数据的存储、集成、访问、分析、管理、建模等能力，并基于应用开发环境，支撑工业技术、经验、知识模型化、软件化、复用化，不断优化研发设计、生产制造、运营管理等资源配置效率，形成资源富集、多方参与、合作共赢、协同演进的制造业生态。工业互联网平台包括数据采集体系、管理服务平台（工业 PaaS）、应用服务体系（工业 App）3 个方面。

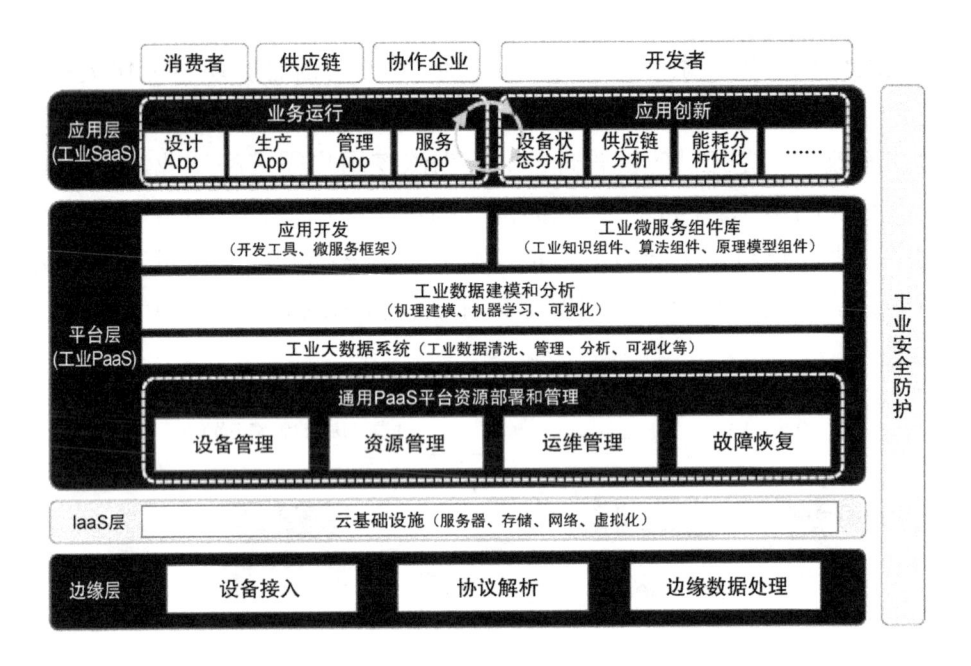

图 2-5　工业互联网平台

在数据采集体系方面，依托智能传感、工业控制、物联网等技术，采集设备、系统、产品等的数据。在管理服务平台方面，把云计算、大数据技术与工业生产实际经验相结合形成工业数据分析能力；把技术、知识、经验等资源固化为专业软件库、应用模型库、专家知识库等可移植、可复用的软件工具和开发工具，构建开放共享开发环境。在应用服务体系方面，面向资产优化管理、工艺流程优化、生产制造协同、资源共享配置等工业需求，为用户提供各类智能应用和解决方案。

工业互联网平台对现有制造体系带来重大变革。一是推动形成新型技术架构："智能机器+云平台+工业App"。工业互联网平台推动形成具备全面感知、网络互联、实时交互等功能的智能机器，以及实现数据汇聚、存储、计算分析的云平台，并在平台上搭载了功能丰富的工业App，打通从设备到平台再到用户的数据链，催生制造业与互联网融合新技术、新模式、新业态和新产业。二是推动形成新型服务架构：企业从基于生产能力的产品提供商向基于平台的产品和服务提供商转变。通过抢占工业大数据入口主导权、打造用户黏性、汇集社会资源、实现知识软件化，形成基于数据的核心竞争力。三是推动形成新型创新架构："平台+海量开发者+用户"。工业互联网平台所具备的信息互通、资源共享、能力协同、开放合作等特征，推动海量开发者、用户以平台为纽带，共同形成一个高度灵活、充满活力且双向迭代的全新创新架构。工业互联网平台向下可以调用和配置各种软硬件资源，向上承载工业软件应用，是工业互联网的"操作系统"，将决定工业互联网的未来走向。

专栏 2-1　美国通用电气公司的 Predix 平台

美国通用电气公司（GE）推出的 Predix 平台是全球工业互联网平台的标杆之一。在底层，其通过部署数据采集转换模块 Predix Machine，以多种方式实现不同协议的兼容和转换，完成工业现场数据采集以及云端汇集。在运行层，对 Pivotal Cloud Foundry 等开源 PaaS 平台的定制化开发形成一套通用的运行环境，将工业经验和软件能力固化成原理性应用微服务，并通过开发者计划，鼓励初创公司基于 Predix 平台开发各类微服务。在应用层，GE 打造基于 Predix 平台的各类工业 App，一方面推动能源、医疗设备、航空等垂直行业已有的远程监测、预测性维护应用软件向云端迁移；另一方面积极培育开发者队伍，构建开放社区，鼓励第三方基于平台开发数据可视化、质量管理等各类专业应用。

2.1.4　工业互联网安全

可以从不同视角来看工业互联网安全。从防护对象视角看，工业互联网安全涵盖设备、控制、网络、应用和数据五大安全重点。从防护措施视角看，包括威胁防护、监测感知和处置恢复三大环节，威胁防护环节针对五大防护对象部署主/被动安全防护措施，监测感知和处置恢复环节通过信息共享、监测预警、应急响应等一系列安全措施、机制的部署增强动态安全防护能力。从防护管理视角看，根据工业互联网安全目标对其面临的安全风险进行安全评估，并选择适当的安全策略作为指导，实现防护措施的有效部署。工业互联网安全框架如图2-6所示。

相比于互联网安全，工业互联网安全有3个特征。

（1）防护对象扩大，安全场景更丰富。传统互联网安全更多关注网络设施、信息系统软/硬件以及应用数据的安全，工业互联网安全框架扩展延伸至工厂内部，包含设备安全（工业智能装备以及产品）、控制安全（SCADA、DCS 等）、网络安全（企业内、外网络）、应用安全（平台应用、工业 App 等）以及数据安全（工业生产、平台承载的业务及用户个人信息等数据）。

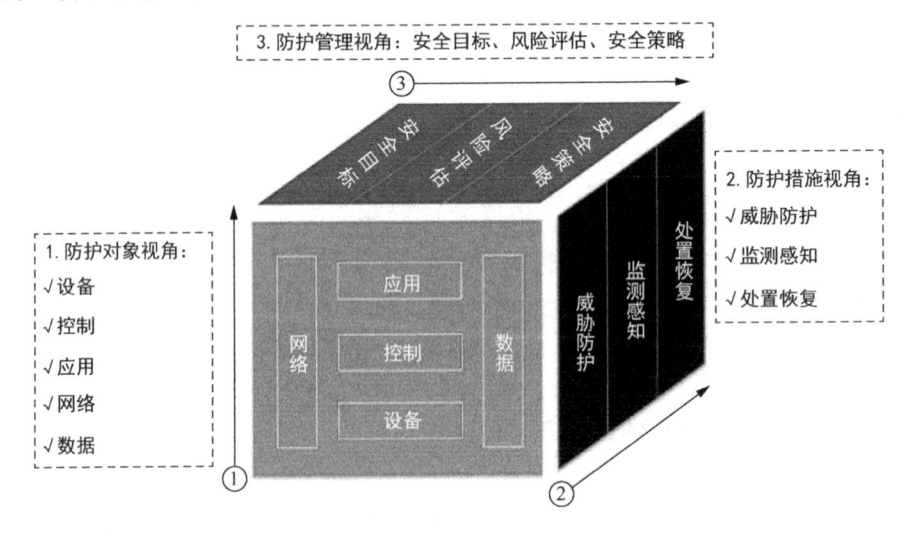

图2-6 工业互联网安全框架

（2）连接范围更广，网络威胁延伸至物理世界。在传统互联网安全框架中，攻击对象一般为用户终端、信息服务系统、网站等。由于工业互联网联通了 OT 与 IT，使网络攻击可直达生产一线，工业机器人、数控机床、工业控制设备等物理世界的生产装备均可成为被攻击对象。

（3）网络安全和生产安全交织，安全事件危害更严重。传统互联网安全事件大多表现为利用病毒、木马、拒绝服务等攻击手段造成信息泄露或被篡改、服务中断等问题，影响正常的生活、工作和社会活动。而工业互联网一旦遭受攻击，不仅影响工业生产运行，甚至会引发安全事故，给人民生命财产造成严重损失。若攻击事件发生在能源、航天、航空等重要领域，还将危害国家总体安全。

2.1.5 工业互联网与消费互联网

工业互联网是技术、产业发展到一定阶段之后的必然结果，它既是互联网由消费向生产的跨越，也是智能制造由单点向全局的延伸。在兼具互联网和工业属性的同时，它也有着与消费互联网和智能制造不同的特质。

工业互联网是基于互联网的发展，它与互联网有着天然的相通性。在网络结构上，工业互联网参照、移植了互联网的体系。互联网包含了互联体系、域名体系以及应用服务体系，其中，互联体系是全球互联网互联互通的基础，通过统一的 TCP/IP 协议和 IP 地址（包括 IPv4 和 IPv6），全球互联网上任意两个节点之间在理论上都可以相互访问。域名系统（Domain Name System，DNS）是一个域名[9]与 IP 地

---

[9] 域名是由一串用点号分隔的相应名字组成的因特网上某一台计算机或计算机组的名称，如 www.baidu.com。

址相互映射的分布式数据库，它的存在能让用户更加便捷地访问互联网，而不用去记忆 IP 数字串。应用服务体系是基于网络的应用。工业互联网与互联网相似，也包含三层体系。首先是网络互联体系，涉及工厂内部网络的互联互通互操作、企业内网与企业外网的互联互通互操作。之后是标识解析体系，本书 2.1.1 节对其进行了具体介绍。在这之上，是基于网络连接的应用支撑体系，包括各类工业应用协议、数据连接等。此外，在应用层面，今天互联网领域的平台化、生态化技术和理念，在工业互联网领域得到复制；互联网强调数据的重要性，在工业互联网领域也一样；互联网领域存在的网络安全、数据安全风险，对工业互联网来说更是严峻而必须面对的挑战。本书第六章将对这方面展开更具体的讨论和案例分析。工业互联网与互联网体系对比如图 2-7 所示。

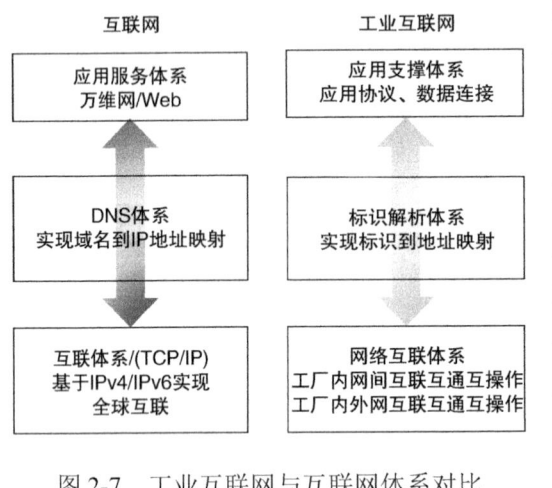

图 2-7 工业互联网与互联网体系对比

与此同时，工业互联网还有自己的"工业"属性。与侧重在消费领域的互联网相比有以下四大区别。

（1）技术要求不同。消费互联网主要连接人，面向生活消费领域提供服务。即消费互联网应用以面向客户为主，应用场景相对简单，应用门槛相对较低，对网络性能要求相对不高，突出体现为"尽力而为"的服务，支撑技术更多地以 ICT 技术为主，互联网企业也因此成为驱动发展的主要力量。而工业互联网则是人、机、物相连，面向生产领域提供服务。即以面向商家为主，连接主体复杂多样，涉及行业、领域、专业范围广，相对于消费互联网，技术难度大、应用门槛高、行业标准杂；工业互联网网络必须具有更低时延、更强可靠性和安全性，对企业在技术跨界整合和集成方面的能力要求高得多，须要深度结合 IT、CT 和制造技术。互联网企业由于对制造业的理解不够，难以成为推动工业互联网的主力，制造业企业则成为产业实践中的推动主体。

（2）发展模式不同。消费互联网发展模式普适性强，具有较强的可复制性，再加上庞大的消费人群基础，足以支撑商业模式快速创新，在短时期内实现市场的快速拓展。而工业互联网在发展方面，由于工业领域每个行业特性不同，差异巨大，很难找到普适性的发展模式，导致连接对象多的数量优势难以转化成市场优势。此外，在获得资本支持方面，由于社会资本关注短期投资回报，面向客户领域的投资多属于轻资产，投资回收期短，对社会资本吸引大，在发展初期即便受到政策制约，消费互联网依然能够通过 VIE（可变利益实体）等模式解决资金问题。而以面向商家为主的工业互联网，很多都属于重资产投资，资产专用性强，投资回报周期长，对资本的吸引力弱于以面向客户为主的工业互联网，在启动期很难获得社会资本的支持，主要靠企业自身积累来推动发展，面临严峻的资金短缺问题。

（3）起步环境不同。消费互联网是在一片空白的基础上发展起来的，起步初期限制少、空间大，国内市场未被外资垄断。而工业互联网在起步阶段已经面临大量基础产业被外商主导的现状，如自动化系统、智能装备、传感等领域，我国市场特别是高端市场已基本上被国际巨头占据，高端产品、技术标准对外依赖严重。同时，部分国外巨头的工业互联网技术和平台都已相对成熟，正依托其在我国高端制造领域的既有优势加速工业互联网在国内市场的渗透。在既有格局、既成事实基础上进行产业变革，工业互联网发展任务因此更为艰巨。

（4）时代机遇不同。全球消费互联网起步于 20 世纪，美国通过实施"信息高速公路计划"，迅速成为互联网强国，主导了全球互联

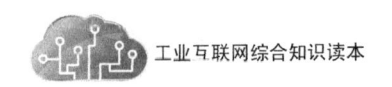

网技术、产业、治理。包括我国在内的许多国家，早期并未将互联网上升到国家战略层面，总体上属于跟随式发展。工业互联网与全球新一轮科技革命和产业变革相生相伴，目前全球尚处于发展初期，全球工业互联网产业格局尚未成型。中国几乎与全球主要国家同步启动，只要紧紧抓住机遇，积极布局、稳步推进，切实将战略变为规划、将规划变为行动，完全有可能实现跨越式发展。

2.2 工业互联网产业生态

工业互联网作为新一代信息技术与制造业等传统产业融合的新领域，既涉及各个垂直领域的技术、应用、经验，又涉及互联网、大数据、人工智能等通用目的的技术的运用；既涉及对各个工业门类技术发展和产业运行规律的把握，又涉及构建新的思维、理念、模式；既涉及传统企业由线下拥抱线上的转型，也涉及互联网企业由线上拓展到线下的布局；同时，还涉及制度、法律、人才、资金、文化等大量发展环境问题。多元化的主体、环境共同构成了工业互联网的产业生态。

2.2.1 工业互联网产业生态的来由

生态的提法借鉴了生物学中"生态系统"的概念。在自然界中，任何生物都不能孤立存在，个体或种群之间、个体种群与环境之间构成了可循环的统一整体，就形成了生态系统。在产业中，生态的概念可小可大。小概念的生态可以是以某一平台为依托，汇集其大规模的产品或服务提供者和需求者，典型的如天猫电商平台、微信社交平台或者某一开源社区；也可以是以某一品牌商为核心，通过纵向整合（沿产业链上下游进行延伸）和横向整合（跨领域扩展范围）汇集起的生产者集群，典型的如苹果生态链、小米生态链。大概念的生态，是整个产业中各类参与主体的构成、交互与各自作用。下面重点讨论大概念下的工业互联网产业生态。

在产业体系中，任何企业都是不能孤立存在的，其发展离不开市场环境、社会环境。在企业和市场的物质交换、服务交换、资本交换过程中，一条一条的供应链、价值链、产业链逐渐形成。每一个领域都围绕核心龙头企业，构成各自的"生态群落"。但在传统经济范式下，每一个领域沿着纵深方向不断发展，不同"生态群落"之间是"种群隔离"的，或者说基本的行业边界、产业边界是清晰的。随着互联网与经济社会各领域深度融合，特别是平台经济的快速发展，逐步打破原有的产业划分格局，门户开放、边界模糊、跨界融合成为当下新型产业生态的典型特质。

工业互联网以网络为基础、平台为核心、安全为保障。它的工业应用属性、网络连接属性、平台计算属性决定了原本边界清晰的不同领域、不同行业，都可以在工业互联网这个大产业中分一杯羹。一方面，互联网企业、通信企业、网络安全等提供通用ICT技术服务的企业，向传统工业各个门类拓展；另一方面，一些在自身领域具备优势的制造业企业利用互联网延伸服务能力，进而向其他领域进军；还有一类，是原本就面向企业客户的传统自动化企业、软件企业，运用新技术、新产品，升级服务、改变模式。同时，工业互联网涉及云计算、大数据、人工智能等新一代信息技术，涉及自动化、软件、电子、装备等工业使能技术，涉及大量工业应用场景和垂直行业，任何一个企业都不具备全覆盖能力。须要通过与其他企业合作，灵活地组合不同合作伙伴的核心能力，以适应时刻变化的市场环境，并形成和持续放大竞争优势。这促使原本关联不大甚至老死不相往来的不同领域的市

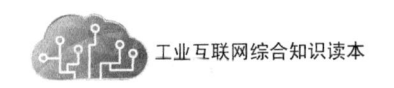

场主体，被新一代信息技术裹挟着、吸引着，聚集在一起、互动在一起、竞争在一起，构成了一个新的生态系统——工业互联网产业生态。

2.2.2 工业互联网产业生态的主体

企业是工业互联网产业生态的主体。工业互联网具备天然的跨界属性，任何一家软件企业、通信企业、制造业企业，只要涉及数字化、网络化、智能化制造，只要涉及网络、平台、安全相关业务，都属于工业互联网产业生态的一分子。工业互联网的特殊性就在于，在当下能不能称为"工业互联网企业"某种意义上不是由主营业务决定的，而是由是否布局了工业互联网业务决定的。按照国民经济分类目录来划分，工业互联网产业生态中包含了来自制造业，信息传输、软件和信息技术服务业，电力、热力、燃气及水生产和供应业，交通运输、仓储和邮政业等各个主要的行业大类；如果按照中类、小类划分还会更多，因为各个领域都有代表性的企业参与。如果从技术产品服务的供需角度来划分，工业互联网产业生态主要包括三大类企业：通用使能技术服务企业、平台业务服务企业以及应用型企业。而对于企业个体来说，可能是某一种类型，也可能同时符合多种类型。例如，对于云计算服务提供商来说，本身提供通用技术，同时还具备平台属性；例如，一些大型制造业企业，既是平台的提供者又是平台的应用者。

第一类是通用使能技术服务企业，提供的是数字化、网络化、智能化所必需的底层技术与产品，无关具体的行业门类。就像计算机作为通用技术产品，无论哪一个行业、哪一个领域，尽管具体配置上有差异，但基本的计算、存储、显示需求是共通的。这类企业主要包括英特尔、微软、亚马逊、思科、华为、阿里巴巴、紫光、中国移动、中国联通、中国电信等。在它们当中，有的提供通用芯片，有的提供基础软件，有的提供云计算服务，有的提供网络连接或运营。这些企业屏蔽了行业差异，提取了共性需求，为多个行业甚至全部行业提供技术支撑。可以看出，它们大部分来自 ICT 领域，这是 ICT 不断向工业领域渗透、工业不断运用 ICT 技术提质增效的必然。

专栏 2-2　华为

华为是全球领先的信息与通信技术解决方案供应商，在通信网络、IT、智能终端和云服务等领域为客户提供有竞争力的产品和服务。近年来，华为积极发力工业互联网，全球影响力不断提升。华为是工业互联网产业联盟（AII）副理事长单位，也是国际工业互联网联盟（IIC）最高领导机构的成员。华为还联合国内外多家知名企业倡导发起了边缘计算产业联盟（ECC）。在前沿技术方面，华为深耕 5G、边缘计算、时间敏感网络、工业互联网平台、人工智能等重点领域。例如，在时间敏感网络方面，华为联合其他科研机构建立的测试床，与国际水平实现了同步。又如，在工业互联网平台方面，华为近年来推出的 OceanConnect IoT 平台，通过连接智能设备网关，提供边缘计算能力，实现与云端计算的协同，在生产与设备管理、油气能源、公共事业、车联网、智慧家庭等多个领域得到应用。

第二类是平台业务服务企业。工业互联网平台是工业互联网的核心，这类企业也同样成为工业互联网产业生态最具特色的一类企业，是整个生态最显著的标志。平台企业以集成创新为主要模式，以应用创新生态构建为主要目的，整合各类产业和技术要素实现平台构建。各行业、各领域的龙头企业和先行企业，都看到了平台所蕴含的巨大

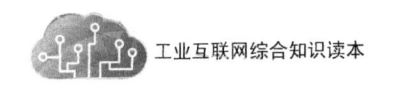

价值，基于各自业务和优势，从不同维度切入，催生出多元化、多样化的工业互联网平台。装备与自动化企业从自身核心产品能力出发构建平台，打造"工业产品+平台"，如 GE、西门子、ABB、和利时等。加工制造型企业，将自身数字化转型经验以平台为载体，对外提供服务，如三一重工、海尔、航天科工、富士康等，打造"先进产能+平台"。企业级软件服务企业，借助平台的数据汇集与处理能力提升软件性能，拓展服务边界，如 IBM、SAP、用友等，打造"软件服务+平台"。物联网、云计算、人工智能服务技术企业，发挥 IT 技术优势将已有平台向制造领域延伸，如 PTC、微软、华为、思科、阿里巴巴等，打造"通用支撑+平台"。

第三类是应用型企业。应用型企业大多是工业制造企业，分布于各个工业门类，量大面广，是工业互联网技术产品和解决方案的需求者，也是工业互联网产业发展的牵引力。如果说通用使能技术提供者和平台服务提供者等领先型企业决定了工业互联网产业生态的上限，那么工业互联网应用型企业的规模、水平、效益，则决定着工业互联网发展的下限。一些大型综合企业既是应用者也是平台服务提供者，如海尔、三一重工，甚至还可能是通用使能技术提供者，如华为。但是对大部分企业来说，特别是我国的中小型制造业企业，往往专注于细分领域的生产制造业务，自身研发能力和创新引领能力都相对薄弱，它们须要引入成熟、稳定而又价格适度的网络、平台、安全产品和解决方案，来实现业务流程的优化和经营模式的升级。同时，由于应用型企业对所属行业、领域具有深入的了解，反过来又可以结合自身经验、知识，丰富、完善工业互联网平台、工业 App 的功能。例如，GE 的 Predix、西门子的 MindSphere 等平台，都是在与应用企业深度交互的过程中提供定制化、专业化的方案，从而提升生态影响力。

2.2.3 工业互联网产业生态环境

在自然界的生态系统中，各类生物种群、个体是生态活动的主体，而阳光、水、土壤等构成了生态循环的外部环境，对生物个体的生存和生活具有极端重要的作用。工业互联网产业生态环境，涉及制度、法律、人才、资金等方方面面，与产业生态主体一同构筑起持续发展的工业互联网生态体系。

1. 制度环境

首先，工业互联网的发展离不开公平有序的市场竞争环境。工业互联网的发展须要不同所有制、不同行业、不同体量、不同国别的企业共同参与。必须有鼓励创新、平等进入、遏制垄断、保护知识产权的制度设计，要有完善的市场规则和调节机制。须要政府不断通过深化简政放权、放管结合、优化服务，确保市场在资源配置中的决定性作用。其次，工业互联网的发展离不开大平台的责任。平台治理是近年来在消费互联网领域涌现出的新课题，未来随着工业互联网平台规模的不断壮大、覆盖面的不断延伸、应用的不断普及，也必将涉及相关问题。工业互联网要走出"边发展边治理"的新路子，平台企业自身的社会责任、安全责任必须要明确、要履行。建立政府管理、平台履责、社会监督、用户自律的多方共治体系，是确保工业互联网健康发展的关键。最后，工业互联网的发展离不开标准体系的完善。工业互联网在涉及大量技术标准的同时，也涉及相当多的行业标准、应用标准，单靠市场行为难以有效推动，须要不断加强政府在这些方面的引导作用，促进工业互联网产业发展。

2. 法律环境

数据是工业互联网核心中的核心。工业互联网法律环境的完善，重中之重是对数据权属、流通、交易、处理等重要规则的确定。目前我国相关立法主要围绕个人信息保护、商业秘密以及国家安全方面，关于数据确权、流通等相关法律法规和规则相对滞后。当然，这也是全球各国发展工业互联网面临的共同瓶颈和重大难题，在一定程度上制约着工业互联网向更大范围、更深层次的业务开展，亟须加快突破。同时，对于工业互联网所涉及的"重要数据""关键信息基础设施"等相关概念也亟须给出明确的法律界定，并对相关法律行为、法律责任给出明确规定，使工业互联网产业发展和治理实现有法可依。

3. 人才环境

与任何一个产业一样，人才是工业互联网的根本，决定着工业互联网产业生态能否持续繁荣。工业互联网作为跨领域、跨学科的复杂产业，涉及大量专业人才和复合人才。富有远见并务实的企业家是工业互联网产业发展的重要推动者，大量基础研究、应用研究人才是工业互联网技术不断向前发展的保障，人工智能、云计算、大数据等信息通信领域开发人员，以及各个垂直行业的专业人才之间的协同配合是保障工业互联网项目落地的根本；生产一线的劳动技能人才是工业互联网设施、设备、产品的直接操作者，专业的智库人才为工业互联网发展提供从宏观到微观的咨询服务。须要激发和保护企业家精神，尊重科技工作者，提升基础科研人员待遇，缩小行业间不合理的收入差距，大力弘扬工匠精神，注重教育公平，加大人才的国际化培养与引进。只有营造这样的人才发展环境，才能确保上述各类人才源源不断、人尽其用。

4. 资金环境

金融是实体经济的血脉，为实体经济服务是金融的天职，是金融的宗旨。工业互联网是一项前瞻性、长期性、战略性系统工程，在重大项目研发、战略基础设施建设、应用推广部署等方面需要大量、稳定、健康的资金保障。完善的资金环境要有金融资源向实体经济重点领域、薄弱环节配置引导的机制，确保直接融资渠道畅通，确保中小企业、民营企业融到资、融好资。还要有不断完善的金融风险和金融空转防范机制，坚决打击股票市场恶意炒作、违法套利行为，净化金融市场，保证金融向实体经济输血而非吸血。合法依规鼓励金融创新，通过设立产业投资基金、发展产业链金融、完善信贷风险补偿机制等多渠道、多层次融资途径，为广大企业开展工业互联网创新应用提供资金支持。此外，资金环境还离不开国家财政必要的投入，特别是在一些战略性、公共性、全局性领域，受投资规模大、投资回报期长、非营利性质等因素影响，市场往往缺乏动力、缺乏能力，更须要国家财政提供持续、稳定的支持。

第三章

工业互联网的重要意义

工业互联网通过集成新一代信息技术，打通了信息管理层与生产控制层的数据通道，构建从终端到云端、从物理设备到数字空间畅通、安全的新型网络，是强化产业资源整合的连接器，也是推进智能工业加速发展的助推器。工业互联网还引发产业竞争模式不断升级和演化，已经被世界各制造强国、制造强企视为发展更高水平智能制造必不可少的基础和前提，未来产业发展空间和市场规模巨大。我国工业互联网与发达国家几乎同时起步，正处在大有可为的战略机遇期，前景十分广阔。面对日益激烈的产业竞合态势，加快发展工业互联网，是深化先进制造业与互联网融合创新，打造制造强国和网络强国的战略选择，也是促进制造业供给侧结构性改革、新旧动能接续转换，实现经济转型升级的重要抓手。

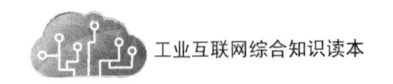

3.1 打造先进制造业发展新动力

习近平总书记在 2017 年 12 月的中央经济工作会议上指出"要推进中国制造向中国创造转变，中国速度向中国质量转变，制造大国向制造强国转变"，为加快实现这一目标，必须将发展先进制造业作为主攻方向。工业互联网将以互联网为代表的新一代信息技术与工业系统、技术、工艺深度融合，是推动新工业革命的重要基础与深化"互联网+先进制造业"的关键支撑，能够为传统产业转型升级、发展新模式新业态、驱动先进制造业发展和构建现代经济体系提供强大动力。

3.1.1 推动传统产业转型升级

改革开放以来，我国制造业以前所未有的速度发展，构建了门类齐全、独立完整的制造体系，规模位居全球之首，工业增加值在世界的占比超过 20%，成为全球产业链的重要参与者。在发展中取得突出成绩的同时，我国制造业也暴露出"大而不强"的问题，主要体现在企业长期处于全球产业链中低端，并且产业布局分散、产业集中度低、产品附加值低、制造业整体产出效率较低、科技研发投入不足等。近年来，随着宏观经济形势的变化，部分行业还面临着生产成本快速上升、产能严重过剩、外部贸易壁垒高筑、环境约束日益收紧等问题，产业升级与结构调整的任务十分艰巨。在新一轮产业革命引领的制造强国竞争浪潮下，过去我国制造业主要依靠资源要素投入，不重视核心技术研发、知识产权保护和自主品牌建设的粗放发展模式已难以为继，必须运用先进的信息技术对我国传统制造业进行改造升级，赋以新动能，推动中国制造摆脱主要依靠生产要素投入、规模扩张的发展路径依赖，走上自主创新、内生增长的道路。

工业互联网作为互联网、大数据、人工智能等新一代信息技术与工业领域深度融合的产物，通过打造全新网络生态体系，实现企业各类生产设备、仪器仪表、物资原料、产品、信息系统等之间的泛在连接与数据互通，促进企业从设计、生产、管理、服务等环节全方位推进数字化，通过对数字信息的采集、传输、集成、共享和智能化分析，提升效率和决策水平、降低成本，并推动新模式、新应用、新产品等蓬勃发展，促进制造业实现高质量发展。

工业互联网能充分发挥工业体系本身和新一代信息技术的各自优势，促进 IT 与 OT 的无缝连接与融合，帮助传统制造企业实现制造资源泛在连接，弹性互补和高效配置，深度优化制造流程，极大地提高制造效率。

工业互联网能加速推动传统企业组织变革，将金字塔式的层级架构转化为扁平化的网状架构，依托无处不在的感知和连接能力，让企业经营者无论身在何处都能对生产线设备状况、生产进程等进行全方位实时了解，由此实现透明化管理。工业互联网的应用将显著提升企业研发创新能力，依托高效的网络化协同研发和知识信息的快速扩散，企业的创新成本将稳步降低，创新效率则得到显著提升。

工业互联网能为企业带来商业模式创新，通过开发智能化的网联产品让企业拥有对产品的全生命周期管控能力，将企业价值创造模式由单纯供给产品转化为提供"产品+服务"的新模式，产品的价值创造周期被大大延长，利润空间不断增长。

工业互联网还将助力企业实现绿色发展，我国传统产业中钢铁、

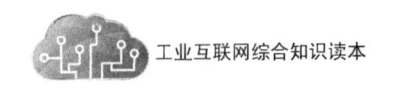

化工、水泥等高耗能、高污染行业近年来均面临着能源成本上升、原材料价格波动、环保压力日益增大等难题。工业互联网能够提供针对能源与原材料进行精准配置、调控和优化的解决方案，可以为这些行业改造生产方式，实现节能减排提供支撑。

3.1.2　催生制造业新模式新业态

工业互联网对以制造业为代表的实体经济发展具有较强的渗透性、倍增性和带动性，能够支撑制造业高效创造新供给、释放新需求、形成新动能，带来新模式、新业态的蓬勃发展。工业互联网从生产端切入，对制造装备、工艺等进行深度优化，提高生产效率，实现制造资源高效配置，并能通过提供差异化产品和增值服务，直接提升供给体系质量和效率，增强供给侧对需求变化的适应能力。工业互联网作为制造业与互联网深度融合的产物，能够同时促进两个行业的创新发展，助力网络强国与制造强国建设。此外，工业互联网还将开辟数字经济发展新空间，有望打造一个开放共享、跨界融合的新产业体系，对经济社会发展产生深远的积极影响。

目前工业互联网形成了智能化生产、网络化协同、规模化定制、服务化延伸四大新模式新业态，推动制造业实现产品创新、运营优化和质量提升。

1. 智能化生产

工业互联网通过将工业系统与智能传感、网络、计算等技术深度融合，对制造业各环节进行在线感知，不断获取海量、精准的数据。在此基础上，将数据与工程原理、物理模型等结合，为加工设备、生产线、产品等在数字空间中建立虚拟模型。这一虚拟模型与现实世界中的物理实体完全一致，还能通过数据更新持续提升自身完整性和精确度。在建立模型之后，再运用大数据、人工智能等技术对其进行深度认知、分析，得出优化建议，并反馈至每台机器、生产线、车间乃至整个工厂，实现制造全过程的智能决策和动态优化。智能化生产能够显著提升企业资产利用和运营管理效率，提高产品质量、降低生产成本。

智能化生产主要应用方向包括可制造性预测、生产管理优化、质量管理优化、工艺流程优化和设备运行优化等。可制造性预测是通过建立产品虚拟模型，在任何部件被实际制造出来之前，先在数字空间中识别其是否存在设计缺陷，并对制造过程进行仿真模拟，预测成品质量。相比传统产品研发模式，可制造性预测让企业能在设计阶段就准确了解产品性能并加以改进，还能预见产品制造过程，保证所有细节都可控，可以最大化降低成本和风险。生产管理优化是通过对生产进度、物料管理、企业管理等数据进行深度分析，提高排产、进度、物料、人员等方面管理的准确性，提高生产效率。质量管理优化是基于对产品检验数据和"人机料法环"等过程数据关联性分析，实现实时质量监测与异常诊断，降低产品不良率。工艺流程优化是将收集到的制造数据与工艺效果结合进行分析，查找出工艺流程汇总的问题，进行生产线、设备的调整、改造和升级，提升加工效率和加工质量。设备运行优化则是通过实时监测设备的运行状态数据，建立生产设备的数字化模型，根据模型和数据分析预测设备未来状态，提前进行精准预维护，减少设备意外停机，提高生产效率。

专栏 3-1　智能化生产

可制造性预测。例如，波音公司在 787 型飞机项目中使用达索公司的 PLM 方案，在真正开始生产飞机之前就已经对制造流程进

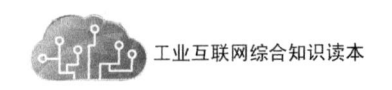

行了完整测试，因此787型飞机的开发时间由777型的5年减少到4年。

生产管理优化。例如，欧姆龙公司借助数字仿真工具建立起虚拟工厂，将车间实际工作负荷、物流管理等数据与虚拟工厂进行映射和分析，使库存减少20%~30%，生产效率提高40%。

质量管理优化。例如，富士康通过在企业内部建立大数据平台，结合100多个指标对产品的良品率进行分析，能够缩短90%的良品率诊断时间。

工艺流程优化。例如，博世公司通过建立工艺流程模型，将MES中与生产效率、产品质量等相关的数据同与工艺流程进行关联分析，实现工艺顺序和生产线布局的优化。

设备运行优化。例如，尼桑公司在汽车生产中采集机械臂控制器的参数，建立相关模型，通过比较单个机械臂与集群的差异性来判断其是否发生异常，能够提前3周预测机械臂故障的发生。

2. 网络化协同

网络化协同是通过工业互联网整合分布于全球的设计、生产、供应链和销售资源，形成协同设计、众包众创、协同制造、供需对接平台等一系列新模式、新业态，能够大幅降低新产品研发制造成本、缩短产品上市周期。

协同设计是利用工业互联网平台连接企业内外，实现研发资源的跨区域汇聚共享，并通过提供计算分析服务来优化不同领域的资源组织和配置。众包众创是利用工业互联网平台，将原本由制造企业承担的部分设计任务向自愿参与的企业和个人进行分工，在平台上，众多分散的研发者、生产者、消费者个体实现广泛、实时、频繁的交流互动，这种互动充分激发社会大众创新潜力，不断优化产品研发，能以更高的效率、更低的成本充分满足消费者对终端产品的需要。协同制造是制造即服务理念的体现，利用信息技术对线下制造资源进行聚合，将其封装为不同类型的服务，实现制造能力的弹性供给与供需动态调节，提高制造资源的利用效率。供需对接平台通过汇聚供应方与需求方信息，进行信息的提取、匹配和推送，构建端到端的沟通模式以实现精准对接。

专栏 3-2　网络化协同

协同设计。例如，哈尔滨电气集团有限公司（简称哈电集团）依托工业互联网通过打造构建企业设计资源协同平台，实现异地研发机构间联合设计，将风电产品的设计周期缩短了 25%。

众包众创。例如，海尔推出的天樽空调从设计、生产一直到最终销售，全流程都在平台上让用户参与互动，并根据用户意见不断进行迭代升级。

协同制造。例如，沈阳机床股份有限公司（简称沈阳机床）通过 iSESOL 平台，改变了传统机床销售模式，打造基于工业互联网的"加工能力共享"新模式，实现机床加工按需付费、即时结算。不仅拓展了自身机床装备的服务价值，而且大大降低了机床闲置率，助力制造业企业实现生产过程的高度柔性化。

供需对接平台。例如，覆盖钢铁全产业链的工业电商平台"找钢网"聚集了 90 余家钢厂、65 家仓储及加工中心以及 6 万余家买方企业，日均发布行业资源信息数万条，通过高效集中的资源对接促进钢铁行业生产变革。

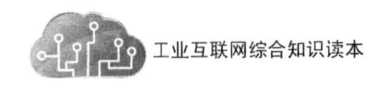

3. 规模化定制

规模化定制是基于精准获取用户需求,通过灵活组织设计、制造资源和生产流程,实现低成本条件下的大规模定制。目前,规模化定制被越来越多的企业作为实现商业模式创新,获取竞争优势的重要手段。企业在致力于提升产品与消费者差异化需求匹配的同时,也在积极运用智能化生产等方式提高生产效率,以抵消少量多品种定制带来的成本上升。

目前个性化主要应用方向如下:

(1)模块化设计,通过将产品分解为多个具有独立功能的模块,使同类型模块在产品中可以重用和互换,按照客户的需求对相关模块组合就能形成最终产品。

(2)混线柔性生产,基于工业互联网能够实现对物料的动态智能识别,进而自动配置生产参数,以形成单台设备对不同型号零件的柔性加工或者是整条生产线内多种产品的混线生产。

(3)定制化服务,是在客户深度参与产品制造的情境下,全面精准收集客户需求,为其打造极具个人属性产品的一种特殊服务模式。

专栏 3-3　规模化定制

模块化设计。例如,联想推出的 Moto Z2/Z3 手机通过在后盖设置磁力触针,能够连接 Moto Mod 配件模块,包括扬声器、电池、摄像头或投影仪等,以增强手机特定功能,满足用户个性化需要。

混线柔性生产。例如,博世力士乐在德国洪堡的液压阀柔性生产线能够灵活切换生产6大产品家族的2 000种不同产品，可实现小批量定制化生产甚至是单一产品生产，在提升生产效率10%的同时减少30%的库存。

定制化服务。例如，青岛酷特智能股份有限公司（简称青岛酷特智能）根据西服生产的历史数据，打造了一个关于西服版式形状、尺寸与人体顾客量体数据关联的数据库。通过构建相关模型，能根据顾客的3D量体数据进行智能打版，并自动完成裁剪、缝制等工序，只需7个工作日即可交付成品西服。

4. 服务化延伸

服务化延伸指企业在依托工业互联网实现产品远程接入的基础上，对其运行状态进行实时监测，并为用户提供远程维护、故障预测、性能优化等一系列增值服务的新模式。此外，产品销售到用户手中后，企业还能通过收集、分析用户体验反馈和产品运行数据，进一步优化产品的设计和服务。企业依托工业互联网实现服务化转型后，将不再是单一的产品提供者，而是集成服务提供商，原本以产品制造为中心的制造业企业得以向服务增值方向延伸。企业提供的增值服务不仅能够满足用户在产品使用过程中的多样化需求，有助于延长产品的生命周期，还能为企业提供更为稳定的额外收益来源。

实现基于工业互联网的服务化延伸需具备三大元素：

（1）智能产品。具备感知、联网能力的智能产品是企业开展服务化延伸的重要载体，智能产品能够准确反映自身运转状态，及时将相关信息反馈至外界。

（2）工业互联网网络。借助工业互联网网络体系构建起高效、高

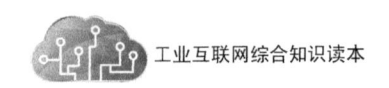

可靠的工业设备、系统之间的互联互通信息通道，确保各类数据及时准确地传递。

（3）工业互联网平台。基于云计算、大数据、人工智能等技术的工业互联网平台为服务化延伸提供了计算资源和决策支撑。对智能产品反馈的数据进行深度分析，包括数据挖掘、统计和建模分析等，再根据分析结果进行预测性维护、远程诊断等，这些活动都要依托于工业互联网平台来开展。目前服务化延伸已广泛应用于航空、能源、工程机械等行业。

专栏 3-4　服务化延伸

中联重科通过安装高精度传感器等装置对工程机械产品进行智能化改造，实现设备远程在线工况检测、运行信息自动采集与存储、故障预警、作业状况分析等功能，使得设备服务成本下降 30%，零配件周转率提升 20%。

GE 航空部门推出的"On Wing Support"服务能够在飞机飞行过程中，对发动机的排气温度等实时运行数据进行监控，通过卫星将关键数据传回地面以分析发动机的健康状态，对可能出现的故障进行预测并给出维护建议。这项服务间接提升了航班周转率，为航空公司带来可观的收入增长。GE 航空部门自身也由单纯的航空发动机制造商转变为航运信息管理服务商，实现产品价值提升和服务化转型。

3.2 开拓网络强国建设新途径

工业互联网作为互联网由消费领域向生产领域扩展升级的重要抓手,为网络强国战略向更多产业延伸、向更广大实体经济领域覆盖提供了实施路径,将成为网络强国建设的主战场。工业互联网不断迭代升级和应用领域持续扩张,将为互联网产业创造出新的商用需求市场,开辟新的发展蓝海。

3.2.1 促进网络信息技术产业增长

工业互联网的发展须要高速率、大连接、低延迟的新型网络设施提供连接基础,并且对网络服务质量和可靠性也有着严格要求。在这些需求的牵引下,一方面,现有网络信息技术将加速演进升级,边缘计算、时间敏感网络(TSN)[10]、软件定义网络(SDN)、工业数据建模分析等新兴技术将不断涌现并加速产业化应用。另一方面,工业互联网的发展还将加速基于行业特色的业务创新和系统集成层面的创新,有力推动现有网络体系根据各行业个性化需求进行适配改造,促进云计算、大数据、物联网、5G 等网络信息技术与制造业应用场景深度结合,以需求为导向,以应用促发展,拉动网络信息技术产业的

---

[10] 时间敏感网络(TSN)作为一种面向未来的底层网络通用架构,其核心技术包括网络带宽预留、精确时钟同步与流量整形,能够满足工业互联网对网络服务质量的严格要求,确保工业领域大量关键任务的、时间敏感的数据在严格的延迟和可靠性的范围之内传输和共享。TSN 还能通过与 OPC UA(一种用于数据安全交换时的互操作性标准)的结合,有望解决目前工业通信领域协议的"七国八制"问题,帮助制造业企业实现 OT 和 IT 的无缝深度融合。

演进升级。以工业互联网的关键技术——边缘计算为例,根据国际数据公司的预测,到 2020 年,全球将有超过 500 亿台终端与设备联网,超过 50%的数据须要在网络边缘侧进行分析、处理与储存,未来全球边缘计算市场规模将迅速扩大。

3.2.2 开辟网络信息技术产业发展新蓝海

发展工业互联网,将加速互联网应用从生活/消费领域向生产领域渗透,拓展新的市场。目前,我国互联网产业主要集中在消费互联网领域,对生产端市场的开拓程度还不高,与发达国家相比仍有较大差距。以市值超过 9 000 亿美元(2018 年 10 月 10 日发布的数据)的亚马逊为例,其 2018 年第二季度财报显示,AWS 云计算业务贡献了 16.42 亿美元的营业利润,占公司总营业利润的一半以上。而我国主流互联网企业的营收构成依然是以消费端业务为主,即便在生产端有一些业务,也主要集中在利用互联网开展供应链资源对接、线上销售和采购等方面,业务开展的广度和深度都不够。未来在外部需求变化和内部转型压力的双轮驱动下,网络信息技术产业对生产领域的渗透将日趋广泛和深入,在拉动相关技术群体突破的同时,也将为自身开辟更为广阔的价值空间。

3.3 构筑数字经济持续繁荣的新基石

与经济形态相比,数字经济的特征不仅体现在生产要素、生产工具的革新上,还须有与之匹配的新生产模式、业态和产业体系等。工业互联网构建了新网络体系、平台体系,创造了数据驱动下的智能化发展新模式，不仅是促进各行业转型升级、提升实体经济运行效率的关键支撑，也是构建现代产业体系的重要力量。

3.3.1 打造新生产力

工业互联网将互联网、大数据、人工智能等新一代信息技术与制造系统的深度融合，不断激活和催生数据要素，赋智劳动工具和劳动者，促进制造业乃至整个实体经济体系重构迭代的新生产力，将引发生产方式、组织形式、创新模式和商业范式深刻变革，是数字经济时代重塑产业链、创新链和价值链的关键力量。

（1）工业互联网盘活了数字经济发展的关键生产要素——数据。过去各行业建设了大量支撑不同业务的信息系统，这些系统运行所产生的数据都是保存在本地，并且由于缺乏顶层设计，这些信息系统之间缺乏互通与关联，造成数据烟囱与信息孤岛的问题十分严重，难以对数据进行有价值的深度挖掘。此外，在生产现场和产品使用环节，由于缺乏必要的感知设备与数据传输管道，造成很多生产运行数据沉淀、消失，未能发挥其资源作用。随着数据采集传输融合技术的成熟与工业互联网的兴起，在泛在连接与智能感知体系的支撑下，更多的机器之间实现了互联，各类信息系统也逐渐迁往云端并相互融合，企业在制造、运营等环节以及用户在产品使用过程中的数据被源源不断地汇集至工业互联网平台进行集中存储和管理。在工业互联网平台上，通过综合运用大数据、人工智能等技术对数据进行集成处理与建模分析，能够在数据空间中寻找新的规律与知识，进而驱动企业生产与运营优化。可以说，工业互联网不仅整合、激活了过去沉睡的碎片化数据资源，还创造大量来自产品制造现场和使用场景中的新数据，使得数据成为继土地、资本、劳动力之后又一基础性生产要素，并且

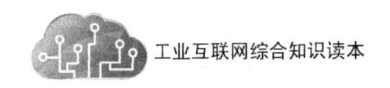

还将数据资源利用水平提升到了一个新的层次，进一步强化了数据资源的战略性地位。

（2）工业互联网推动支撑数字经济发展的生产工具加速智能化。工业互联网的渗透应用，离不开对制造业全价值链进行精确感知与动态控制。要实现这一目标，就必须开发具有自感知、自决策、网络互联等功能的智能生产工具。在这一需求的推动下，智能模块、网络模块已成为所有新型制造装备和产品的必备组件。同时，大量传统的不具备联网、数据自动采集等功能的"哑设备"，也在工业互联网的带动下被加速改造，这些设备或工具也因被赋能、赋智而成为智能生产工具。

（3）工业互联网助力数字经济时代的劳动者加速转型。工业互联网作为新一代信息技术与制造业深度融合渗透的产物，其对劳动力的需求结构与传统制造业相比有较大变化。工业互联网要求劳动者拥有较高的数字素养，同时具备数字技能和专业技能的融合性人才是推动产业发展的关键。这一现实需求将倒逼学校教育和职业教育加速改革，全面加强新型数字技能培训，帮助劳动者更新知识结构，提升个人素质，以适应行业转型发展的需要。

3.3.2 构筑新基础设施

工业互联网催生大量新技术、新网络、新平台，不仅服务于工业，还能为能源、电力、交通乃至经济各领域由自动化向智能化升级提供必不可少的网络连接和计算处理平台。工业互联网是数字经济时代的新型通用性基础设施，类似电网、水网、高速公路网等，将全面支撑各行业智能化发展。

首先，工业互联网构筑支撑实体经济网络化、数字化、智能化转型的基础网络设施。国民经济各领域想要实现智能化升级的重要前提是构建的一张连接人机物、打通不同行业信息孤岛、支撑各类数据安全有序流动的新型网络。这张网络在功能、性能及安全等方面都有更加具体和复杂的要求。工业领域由于其行业特殊性和重要性，对网络通信的可靠性、本质安全性等都有着极高要求，这是传统互联网体系无法满足的。通过发展工业互联网，融合最新网络通信技术，对现有企业内、外网络进行全面改造升级，使之具备高性能、广覆盖、高可靠等特性，将能够充分满足各行业数字化、智能化转型对网络的需求。

其次，工业互联网为各行业智能化转型升级提供必不可少的计算处理平台。各行业在智能化转型过程中都离不开对海量数据的采集、汇集、分析，这就需要一个能广泛连接智能终端、弹性供给计算资源并承载智能分析应用的平台来提供支撑，而工业互联网平台就能满足这些需求。过去很多 IT 领域的平台与实体经济结合得不够紧密，很大程度上是因为未能将先进的信息技术与实体行业的应用场景有机结合，开发满足实体行业转型需求的应用。工业互联网平台不仅融合了云计算平台、物联网连接平台等的优势，而且与制造业场景的结合也更加紧密，能够依托大数据、人工智能、区块链等新兴技术，在平台上开发部署满足工业不同细分门类、不同场景的智能应用服务，并通过大量实践不断迭代优化。

3.3.3　建设新产业体系

工业互联网以网络为基础依托，以数据为关键资源，以智能为显著特征，其在各行业的应用，不仅有助于优化供给结构，加速服务化转型，推动产业向中高端迈进，还有利于促进实体经济和科技创新、

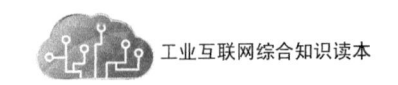

现代金融、人力资源协同发展，加快构建创新能力强、品质服务优、协作紧密、环境友好的现代产业体系。

一方面，工业互联网将推动形成全新的工业生产制造和服务体系。工业互联网通过提供基础架构、资源、技术等方面支撑，实现生产系统的全面互联和数据自由流动，并基于数据分析驱动智能生产与服务，还能通过对设备能耗、排放等进行实时监控与优化管理，大幅降低全社会的能源消费强度，促进智能化、服务化、绿色化、高端化的新产业体系加速形成。

另一方面，工业互联网将支撑形成新的现代服务业。工业互联网能够为工业电子商务、工业大数据分析、供应链金融等生产性服务业的发展提供更坚实的支撑和更广阔的市场，并能结合行业特性催生新的服务业态，推动共享经济、平台经济等向更大范围、更深层面发展，促使专业化、高品质、高附加值的现代服务业不断壮大。

此外，工业互联网还能推动形成高效协同的新产业体系。工业互联网有利于强化产业体系中各关联方的连接，能更充分地实现以数据流带动技术流、资金流、人才流、物资流，引导供应商、制造企业、用户等多方共同参与价值创造的活动，让各类主体在交流合作中协同共进，实现多方共赢，最终带动产业整体高质量发展。

总之，工业互联网将信息技术的最新成果充分融合到生产制造、流通、运行、服务的全流程中，通过数据流驱动技术流、资金流、人才流、物资流等，促进资源配置优化和全要素生产率提升，将创造巨大的经济和社会价值。据美国能源部预测，工业互联网能够节省12%的设备定期维修成本，降低30%的总体维护成本，并能消除高达70%的故障率。根据埃森哲公司和GE公司的评估，到2030年，工业互联网将为全球GDP带来15万亿美元的增长。

第四章

国际工业互联网发展布局

工业互联网作为新工业革命的关键载体和重要基石，日益成为美国、德国、日本等发达国家和中国、印度等发展中国家实现新增长的共同选择。为抢抓工业互联网发展先机，主要国家纷纷围绕前沿技术、关键平台、行业应用等展开相关部署，并通过强化战略指引，加快产业生态构建，加强要素保障等营造发展环境。目前，美、欧、日、中等多极并进的总体格局正在形成，各主体间的竞合程度不断升级，全球工业互联网已进入加速发展期。

4.1 全球工业互联网整体发展态势

自 2012 年起，主要国家纷纷加快布局工业互联网，在产业各方推动下，总体格局逐渐由美国、德国两国引领主导演化为美国、欧盟、日本、中国等多极阵营共进，网络、平台、安全等重点领域取得积极进展，模式和路径探索持续推进，产业生态不断完善，推动全球工业

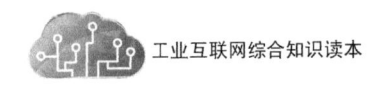

互联网进入加速发展期。

4.1.1 由两极引领向多极协同演进

主要国家立足自身基础和优势,积极探索推进工业互联网发展,在经历美、德引领为主后正走向美国、欧盟、日本、中国多极并进的总体格局。

1. 美国领跑者地位巩固

受益于 GE、PTC、罗克韦尔、思科、IBM、微软等诸多领军企业的带动,云计算、大数据、人工智能等领域强大的技术能力,以及企业强烈的工业互联网应用意识,美国多层次产业群体加快形成,工业互联网发展主导地位突出。工业巨头坚定发力重点方向,例如,GE 在 2018 年 12 月宣布投资 12 亿美元,把包括 Predix 平台在内的 GE Digital 部门独立出来,构建 GE 全资拥有、独立运营的公司,推广工业互联网平台 Predix。信息产业巨头加快突破关键技术,微软 Azure IoT 平台不断丰富远程设备监控、预测性维护、工厂联网与可视化等功能;英特尔推出边缘计算相关芯片和处理器,将云计算、大数据、人工智能技术优势下沉到设备终端;思科推出支持 NB-IoT 技术的 Jasper Control Center,从各种工业以太网和现场总线中获取实时生产数据。初创企业创新创业活力强劲,社会资本加大投入力度。Uptake 公司在 4 年间获取超过 2.5 亿美元融资,用于发展工业互联网平台。GE、微软和 PTC 等企业巨头依托其在原有生态链中的位置,快速将这种影响力延伸至工业互联网领域,并成为生态掌控者。

2. 欧洲影响力持续强化

以德国、瑞士、法国为代表的欧洲国家,在制造业自动化领先的基础上，不断强化信息技术应用，加快数字化工业布局，进一步彰显高端融合优势，在全球工业互联网产业体系中的影响力不断扩大。西门子将工业互联网作为数字化转型的关键杠杆，在《愿景2020+》中明确将数字化工业作为未来三大业务方向之一，并联合库卡、费斯托、艾森曼集团等18家合作伙伴共同创建"MindSphere World"，全力打造 MindSphere 平台的生态系统；瑞士 ABB 与 IBM 合作提升 ABB Ability 平台的计算和分析能力，目前该平台已汇集了 210 多个数字化解决方案；法国施耐德通过构建开放性、交互性、全面覆盖工厂及机器设备的工业互联网平台——EcoStruxure 平台，重新定义工业领域卓越运营的新标准，实现简化运营和提质增效，目前该平台已部署在全球超过 48 万个安装现场，得到 20 000 多名开发者和系统集成商的支持。同时，欧洲企业加强工业 4.0 与工业互联网协同推进，在架构、安全、测试床等方面开展务实合作。以德企为代表的欧洲企业在美国工业互联网联盟（IIC）的话语权进一步增强，博世公司高管 2018 年 6 月当选新一届 IIC 指导委员会主席，使得欧洲在指导委员会中的席位仅次于美国。

3. 日本活跃度显著提升

日本积极推进自动化和生产制造的先进能力与工业互联网融合发展，加速部署工业互联网产业，在平台研发与应用探索方面取得显著成效。日立、东芝分别构建 Lumada、SPINEX 平台，在优化自身价值链、降低运营成本的同时也为客户创造新价值。三菱、日立、富士等借助与 IIC 的深度合作积极输出实践与方案。日本电气、三菱、欧姆龙等企业在推进工业互联网过程中联合成立 Edgecross 联盟，通过边缘计算的开源试图解决工厂设备接入、数据互通和边缘智能部署等问题，实现"工业互联网+工厂自动化"的发展。

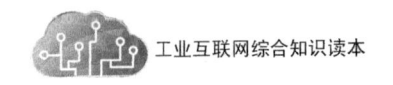

4. 中国也加快推进步伐

我国企业在全球工业互联网舞台积极发声，华为当选 IIC 指导委员会成员，国内学术机构、制造企业和 ICT 企业携手推进工业互联网的实践，不断推陈出新，推动中国工业互联网成为全球工业互联网产业格局中的重要一极。

4.1.2 模式和路径探索持续推进

工业互联网是新兴事物，尽管美、德已率先起步并取得一定发展成绩，但从全球范围来看尚未形成可借鉴和可复制的成功案例。各国都在积极探索符合本国实践的发展模式和路径，希望能够在相关领域实现快速突破。

从整体上看，各国普遍采取了自上而下顶层设计和自下而上产业实践有机结合的主导模式和路径。一方面，工业互联网本身具有跨界融合的特性，它是与工业生产紧密相关的新型网络基础设施，既关注新一代信息技术带来的便捷性，也关注传统工业自动化、数字化中"信息孤岛"间的互联互通，更强调满足工业生产的可靠性、安全性要求。因此，"摸着石头过河"的方式不适合工业互联网规模化发展，必须从一开始就加强顶层设计。通过顶层设计，给出对工业互联网架构组成、关注重点、运行逻辑、实现路径、发展目标、推进阶段等的总体描述，再据此细化推动各项工作。另一方面，顶层设计源自产业实践本身，自上而下的顶层设计源自产业需求的提炼和企业实践的选择，只有能够体现"最大公约数"、反映未来发展方向的顶层设计才具有指导意义。设计过程本身也是不同领域主体、同一领域不同主体间凝聚共识的过程。而完备的顶层设计也将对工业互联网技术研发、标准研制、试验验证、系统集成和应用推广等工作给予指导。美国 IIC、德国工业 4.0 平台、日本工业价值链促进会（IVI）都将顶层设计摆在工作首位，基于各自背景优势、发展诉求等制定发布工业互联网参考架构，用于指导企业研发和部署实施工业互联网。

4.1.3　工业互联网平台成为竞争焦点

在工业互联网领域，平台是实体经济全要素连接的枢纽、资源配置的中心和智能制造的"大脑"，其重要性尤为突出，成为工业互联网技术产业竞争的焦点。GE、西门子、博世、施耐德、ABB 等工业巨头和思科、SAP、微软、IBM、英特尔、AT&T、亚马逊等 ICT 企业巨头均加快布局工业互联网平台，以强化对产业生态的掌控能力。自 2015 年以来，全球工业互联网平台呈"井喷式"发展，目前知名的平台已超过 150 个。全球工业互联网平台发展基本上形成了以下四大路径。

（1）领先制造业企业基于其沉淀的工业知识，输出优化服务。其中，较为典型的如通用电气（GE）的 Predix 平台和西门子的 MindSphere。Predix 覆盖了 GE 从事的石化、风电、航空等主要领域，在平台上聚集了 5 万个开发者和 160 种 App；MindSphere 则覆盖了西门子主要耕耘的北美和欧洲 100 多家制造业企业，包括 50 多种 App，两者都向用户输出服务。

（2）工业设备提供商依托其生产设备，创新服务模式。较为典型的是 ABB 和施耐德。ABB 的 ABB Ability 平台探索将数字技术与其在电气自动化设备制造等领域的专业优势结合，向全球领先的工业互联网公司转型，提供包括预测性维护等在内的服务和应用。施耐德的 EcoStruxure 平台探索将数字技术与其在设备等领域的专业优势结合，实现施耐德集团制造设备的互联，目前已联合 9 000 个系统集成商，部署超过 45 000 个系统。

（3）工业软件服务商不断丰富软件功能，拓展业务能力。其中较为典型的是美国参数技术公司（PTC）。该公司将自身工业软件领域经验积累与 ThingWorx 平台深度结合，为应用开发商或工业 SaaS 运营商提供现代化的快速应用开发工具和服务运营能力。除大数据分析、数字模型等基本模块外，该平台上还包括用于应用创新的功能模块。目前，在平台上大约有 21 个企业级应用、142 个插件和 77 个认证产品。

（4）信息通信企业基于相关通用平台，提供集成应用。比较典型的如思科的 Jasper 平台。2017 年，思科 Jasper 推出物联网连接管理平台 Control Center 7.0，提供多元化的物联网解决方案，旨在加速用户从最初设计到成功部署物联网的过程。仅 2016 年思科 Jasper 的企业客户数量就从 3 500 家增长到 11 000 家。除思科外，很多传统的云计算提供商如亚马逊、微软、IBM 等，也都在探索逐渐向工业互联网领域开放云计算能力，并以此提供新服务，培育更多的增长点。

4.1.4　关键要素的前瞻性布局不断提速

积极推进技术创新，主导标准话语权、确保技术先进性，一直是掌握全球产业竞争主动权的主要手段。为抢占工业互联网发展先机、构筑竞争优势，美、德等国均将标准化作为推进的战略重点，并积极布局 5G、边缘计算、人工智能、区块链等前沿新兴技术。

在标准研制方面，IIC 将驱动全球性的工业互联网标准构建作为战略目标，将架构设计作为引领标准需求、技术研发、验证测试、产业部署、安全保障等工作的重要抓手，并成立专门机构，与 ISO 等国际标准化组织、开源组织和区域标准研制部门合作，加快具体标准研究。"工业 4.0 平台"成立专门标准化机构，推进包括工业互联网在内的制造业网络化、智能化相关标准研究制定，并与 IIC 成立"标准与互操作"联合工作组，共同推进标准研制。国际电工委员会（IEC）近期也加快推动智能制造、数字工厂、系统集成、工业无线等工业互联网相关标准研制。

在新技术方面，无线网络技术在工业领域的应用不断深化，爱默生、ABB、霍尼韦尔、横河电机等均推出了基于无线技术的整机设备和成套系统，无线网络应用范围正从信息采集、网络监控和预警等非实时控制向工业实时控制领域渗透。时间敏感网络（Time Sensitive Networking，TSN）、边缘计算等新一代网络技术引起全球主要企业和产业组织普遍关注。IIC 专门建立 TSN 测试床，研制高速、稳定、实时的工业以太网技术，力图打通 IT（信息系统）和 OT（生产系统）。思科牵头组建开放雾计算联盟[11]，华为发起边缘计算产业联盟，积极推进边缘计算产业化和在工业互联网中的探索应用。区块链与工业互联网结合被广泛看好，在工业产品追溯、供应链金融、分布式智能电网等方面已经出现多个案例，德国能源署发布了区块链在能源领域应用的路线图。

为加速标准和技术的落地，国际上还将测试床作为核心工作之一进行部署推进。测试床对新技术、新产品、新标准、新模式进行面向应用的测试和试验，为商业转化做前期验证，实现从 0 到 1 的突破。例如，IIC 集聚 40 多家跨国企业建设部署了 26 个测试床，覆盖制造、医疗、交通、能源等多个领域，正加快探索完善预测性维护、全球供应链集成、人机智能协作、大规模定制、智能工厂网络等多个先进制造模式。

---

[11] 2019 年 2 月，IIC 和思科主导的雾计算联盟（OpenFog）宣布合并，将极大地促进边缘计算技术在工业互联网中的应用。

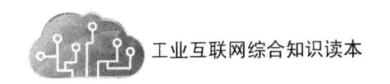

4.1.5 开放合作发展走向深入

工业互联网广泛涉及云计算、大数据、人工智能等新一代信息技术，自动化、软件、电子、装备等工业使能技术，还涉及大量工业应用场景和垂直行业，任何一个企业都不具备全覆盖能力。开放合作与竞争博弈并行成为从国家产业生态到企业商业推广的普遍方式。跨国、跨领域、跨企业协同成为推动工业互联网发展的普遍选择。

在国家层面，主要国家从战略层面合作不断加强，营造出工业互联网国际合作的良好环境。日、德两国先后于 2016 年和 2017 年签署政府间合作协议，两国间合作持续升级，在"工业控制信息安全""国际标准化"等六个关键领域深入推进合作，并通过构建政府与企业间的国际合作与协同机构，广泛推进物联网与工业 4.0 合作。我国与德国、法国等面向新一轮工业革命的高端合作稳步开展，为工业互联网的国际化发展打下良好基础。2017 年 7 月，习近平总书记访德期间，同默克尔总理共同见证了工业互联网、智能制造、航天等领域多项双边合作文件的签署。2018 年 1 月，习近平总书记在与法国总统马克龙会谈时强调，加强创新合作，在数字经济、人工智能、先进制造业等领域更好地实现优势互补，共同发展。2018 年，新加坡、印尼、韩国等主要国家也积极加强政府间协作，通过优势互补带动本国工业互联网发展，实现特色产业的数字化转型。

在产业层面，主要产业组织间不断加强合作，共同构建全球工业互联网生态体系。高效运作的产业联盟，能够在促进跨界合作的基础上，构建新的利益纽带，加速共性技术、前沿技术的突破与扩散，加速新商业模式的出现与推广，进而形成新的分工体系、供需关系和协作网络，促进产业生态重塑。近年来，各国发挥自身优势，积极在竞争中谋合作，在合作中促发展，跨国协同已经成为推动发展的主流趋势。因此，建立产业联盟，促进不同企业间的合作与协同发展，快速、有效地突破产业共性和核心技术，尽快形成规模化发展态势，成为各国产业界推进工业互联网的模式选择。美国 IIC、德国工业 4.0 平台、日本 IVI 以及我国工业互联网产业联盟（AII）都是打造跨界融合产业生态的典型组织。目前，美国通过构建国际产业生态体系引领全球发展的特点越来越突出，IIC 已成为全球最具影响力的工业互联网产业推进组织，汇集 30 余个国家和地区 246 家会员，与全球 37 个国际产业组织和标准化组织建立联络函关系，包括日本价值链促进联盟（IVI）、巴西工业互联网联盟（ABII）、俄罗斯工业互联网联盟等，我国 AII 也与 IIC 建立正式联络函关系。德国工业 4.0 平台汇聚 150 多个组织的 350 多名利益相关者，通过发布工业 4.0 的技术路线图和标准架构等持续推进国际标准化，并成立专门工作组推动数字商业模式方法论的建立及应用，目前已经与中国、美国、日本、法国、意大利、澳大利亚等国的产业组织建立了合作机制。同时，主要国际标准化组织间也不断加强合作，共同推动工业互联网领域国际标准的发展，IIC 与包括国际标准化组织（ISO）、电气和电子工程师协会（IEEE）等在内的国际标准化组织合作，了解产业界的标准化需求并推动标准化工作的开展，中德智能制造/工业 4.0 标准化工作组在信息安全、功能安全、边缘计算等相关问题上积极合作。

在企业层面，不同企业基于各自在不同领域的比较优势加强合作，推动自身转型的同时也共同拓展市场，实现共赢。工业巨头一方面加大投融资和并购的力度，不断拓展自身数字化能力。2018 年 6 月，罗克韦尔对 PTC 进行了 10 亿美元股权投资，建设"互联企业"并推动 OT 和 IT 的融合，以提升企业经济效益和推进可持续性发展。西门子花费 6 亿美元并购低代码应用开发平台 Mendix，其工业 App 开发及部署时间有望缩短到原来的十分之一；收购 UGS 公司获得

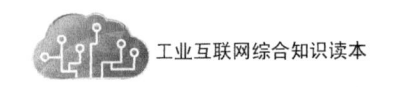

Teamcente 软件，实现实时动态的调整产品设计乃至整个价值链；投资工业互联网安全初创公司 Claroty，提供威胁检测和监控软件。另一方面工业巨头与亚马逊、微软、IBM、SAP 等 ICT 企业合作，借助后者在云计算、大数据、人工智能等领域的技术和产业优势，提升各自工业互联网平台的综合能力。2018 年 7 月，GE 和微软宣布达成史上最大合作伙伴关系，GE Digital 将在 Microsoft Azure 上标准化其 Predix 系统，并将 Predix 产品组合与 Azure 的云功能集成（包括 Azure IoT 和 Azure 数据与分析）后提供给用户，两家公司还将共同为客户提供跨行业的工业物联网（IIoT）服务。此外，GE 还将在其业务中使用 Microsoft Azure，以提供额外的 IT 工具，包括基于 Predix 的内部部署。日本企业如富士通、三菱电机等与欧洲企业如 ABB、博世等共同合作，在 IIC 内聚焦人工智能、智能制造等前沿领域推出多个测试床，加速推动相关解决方案的部署实施。我国企业也以开放的姿态推动工业互联网发展，2017 年，华为与达索签署了合作谅解备忘录（MoU），加强双方在工业互联网领域的合作。

4.2 主要国家推进工业互联网的政策着力点

发展先进制造是各国抢抓新工业革命主导权的共同战略选择。在美、德、日等国家，工业互联网被视为发展先进制造的重要一环，与先进材料、智能制造单元（如机器人）、新能源等共同形成了面向下一个时代的产业基石。这些政府普遍将着力点放在完善市场环境、加大前沿科技投入、加强人才教育等基础环节，形成重前沿性、重长期性、重公共性的政策导向，为工业互联网的发展培育持续动力。

4.2.1 美国

美国通过"制造业复兴法案",先后出台《先进制造伙伴关系计划》《先进制造业战略计划》《国家制造业创新网络计划》等战略和计划,支持以工业互联网为代表的先进制造业发展。2018年10月5日,发布《美国先进制造领导力战略》,延续了大力推动智能制造和数字制造的顶层设计,强调通过不断增大资金投入、大力培育数字化人才、构建良好发展环境等举措,营造有利于工业互联网发展的大环境。

1. 布局前沿技术

前沿技术的高投入、高产出,是美国从第二次世界大战以来持续保持全球科技与产业领先地位的重要原因,在这一轮产业变革大势中也不例外。自实施先进制造战略以来,美国联邦政府累计投资10.35亿美元建成14家制造业创新中心,用以凝聚"产、学、研",合力支持材料、芯片等先进制造业关键技术的研发及产业化。其中,与工业互联网直接相关的是数字制造与设计创新中心(DMDII)。2014年,该创新中心由美国国防部牵头成立,核心成员包括GE、洛克希德-马丁、罗伊斯-罗尔斯、西门子等企业巨头。它聚焦先进制造、智能机器、先进分析和网络物理安全四大领域,开展工业互联网相关技术研发、标准验证、人才培训等相关工作,并在制造业企业范围内利用工业互联网相关技术,高度集成制造和设计复杂的产品,以降低生产成本和时间。2018年2月,DMDII发布了《2018年战略投资计划》,将设计、未来工厂、供应链和网络安全作为2018年的重点投资方向,各项任务和目标(见表4-1)都涵盖网络、数据、安全等核心要素,并投资75万美元支持数字制造与设计创新中心启动"制造网络中心"计划,2019年国防部投资1 000万美元支持DMDII转型为独立机构DxM,负责工业互联网相关技术研发与产业化推广。制造业创新中心的建设分散并降低了企业在部署实施工业互联网相关解决方案时面临的风险,有利于企业跨越"死亡山谷"。同时,创新中心与区域经济集群相互融合,巩固了区域内企业协作关系,有助于实现区域内的集群式发展。

表4-1 DMDII《2018年战略投资计划》

技术领域	整体目标	项目目标
设计、产品开发及系统工程	实现"制造前移",实现产品生命周期的数据驱动	(1)实现一个CAD文件的生命周期活动。 (2)实现CAD数据实时反馈。 (3)实现已有3项成果的技术转移
未来工厂	集成现有技术,推出解决方案,验证相关业务的投资回报率	(1)完成传感器投资回报率分析。 (2)优化传感器市场配置。 (3)推动工厂数字孪生。 (4)实施未来工厂项目集成计划。 (5)实现已有2项成果的技术转移
敏捷、弹性供应链	宣传数字线索、数字孪生等新技术的发展前景	(1)推动供应链设计及数字孪生。 (2)开展面向设计和采购的数据交换分析。 (3)探索适用于供应链/网络安全的区块链技术。 (4)实现1项已有成果的技术转移
制造业网络安全	保护美国日益增长的数字化制造优势	(1)开展中小型制造企业评估及网络安全威胁缓解工具。 (2)提议建立一个独立的制造业赛博安全中心。 (3)开展中小型制造企业培训项目。 (4)集成制造业网络安全应用案例。 (5)召开制造业赛博(CPS)安全研讨会

资料来源:根据公开资料整理

在工业互联网领域，美国着重部署的一项前沿技术就是信息物理系统（Cyber Physical System，CPS），该项技术被普遍认为是打造工业互联网的关键使能技术。早在 2006 年，NSF（National Science Foundation）的科学家认为传统的信息技术无法有效地描述嵌入式系统在工业领域的深度应用，由 NSF 的主管科学家 Helen Gill 提出了 CPS 这个全新概念。它是由嵌入式传感器、处理器、执行器与物理设备（包括人）形成的无缝交互的"智能联网系统"，将控制、传感、联网和计算能力深度整合到每个物理单元中。通过信息网络系统与物理实体单元的交互，实现对物理世界的泛在感知、全面互联、分析优化、精准控制。在今天看来，工业互联网与 CPS 之间大致有这样一个关系：工业互联网=（工业领域的）"CPS+互联网"引领的新模式新业态。也就是从 2006 年起，美国开始认识到 CPS 作为一项前沿技术对未来产业发展的重要意义，而不断加以投入。2010 年 12 月，美国总统科技顾问委员会（PCAST）发表《数字驱动的未来：强化联邦对网络与信息技术研发支持》一文，要求联邦政府加大对 CPS 的支持。2012 年，作为美国四大国家项目之一的"网络与信息技术研发项目"（NITRD）发布《CPS 愿景》，进一步明确了美国各部门在推动 CPS 发展中的职责划分。到 2018 年，NSF 已经连续 14 年对 CPS 给予资金支持，2019 年的预算也达到了 8 228 万美元。

2. 加强人才教育

美国高度重视人才培养，通过贯通基础教育、高等教育和在职教育 3 个层面的教育改革，加大复合型人才培养力度，以满足制造业数字化、网络化、智能化的人才需求，推进工业互联网的实施。

在基础教育层面，美国政府积极推动教育体系改革，通过强调 STEM（科学、技术、工程和数学）教育，从基础教育阶段起，培养学生解决实际问题的能力。美国教育部推出了新一代科学教育标准

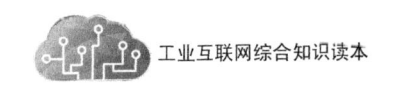

（NGSS），列出了所有从幼儿园到 12 年级（K-12）的学生应当学习的工程设计内容和实践。同时，通过共享高校、实验室内的相关资源，为学生提供实践和体验机会。加州大学戴维斯分校成立工科学生创业中心（ESSC）和工程制造实验室（EFL），为所有本科生和研究生提供开发和实现新创意的资源，体验创业历程。斯坦福大学也开展了大量项目，鼓励设计和现实体验。

在高等教育层面，通过降低高等教育成本、优化学位课程设置等途径，提升入学率，使更多的人能够接受高等教育。同时，通过建立无学位知识技能认可体系，对适用于相关制造业的特定生产技能进行认证。例如，信息技术领域已经建立了制造技能标准认证体系。此外，还鼓励高校通过提供在线课程，实现个性化学习和快速反馈，提高学习质量。卡内基梅隆大学的一项研究发现，对在线学习统计学的大学生，辅以每周导师面对面会议，他们仅使用相当于课堂教学一半的时间，即能学完整个学期的内容。

在职业教育层面，不断创新劳动力培训项目，通过扩大对教育资源的持续投入，提升在职工人的劳动技能水平。2015 年，美国政府提出技能提升行动（Upskill Initiative），鼓励企业为年收入低于 2.8 万美元的 2 400 万个低技能工人提供教育和培训机会，以胜任更高报酬的工作。2016 年，美国国家科学技术委员会（NSTC）发布《建立世界级的联邦科技劳动力，维持前沿创新的持续动力》战略，强调要加强劳动力技能培训，提高信息技术应用能力。

3. 降低企业负担

推动制造业税收改革是降低企业负担、吸引海外制造业回流、优化先进制造发展环境的重要手段。2017 年 12 月 22 日，美国总统特朗普签署了里根时代以来规模最大的税改法案，该法案以大幅降低企业税率、温和调整个税为核心。其中，企业税和海外利润税显著下降，大企业税率从 35% 降至 20%，小企业税率也相应调低，海外企业利润留存将一次性征税。结合不同口径的测算，此次税改将在 10 年内净减税约 1.5 万亿~2.0 万亿美元，相当于美国同期 GDP 约 0.8%。以制造业为例：首先，降低公司税率，提升美国企业竞争力。将公司税率降低到 20%，不仅低于世界平均 22.5% 的税率水平，也低于经合组织国家的平均税率（25%）。其次，允许抵扣投资成本，促进社会投资。允许企业 100% 扣除未来 5 年的短期投资费用，且不限定投资领域。最后，按照属地原则对美国企业的海外利润按照 10% 的优惠税率实行一次性征收，将企业获利回流美国现金等价物的税率设定为 12%，并将非流动性投资的税率设置为 5%。在此次税改中，制造业成为首要受益者，大幅降低企业税率将直接带来美国制造企业的赢利增加，有助于为工业互联网发展注入更多资金，进而增强本土企业的市场份额和竞争力。目前，减税效应已初步显现，2018 年前三季度，制造业增加值累计达 2.35 万亿美元，同比增长 2.7%，是 2015 年以来的最大同比增幅，有相当一部分的美国企业在 2018 年实现了营业收入的增加。

4.2.2 德国

为借力新一代信息通信技术崛起之势，实现制造业数字化、网络化、智能化升级，巩固高端制造优势地位，德国提出并实施了工业 4.0 战略。工业 4.0 的核心是打造智能工厂和实现智能生产，打造人、机、物全面互联网的工业互联网是实现相关目标的关键途径。近年来，德国联邦和地方政府从政策、资金、人才等方面着手，多措并举加速推进实施工业 4.0 战略，带动工业互联网发展。从整体上看，德国政府通过协商干预的形式制定产业政策，推动形成有利竞争的市场环境。联邦政府负责提出工业 4.0 的政策框架，并从国家层面出台扶持办法；各州政府则为了促进本州的经济发展，联合协会、科研院所以及大企

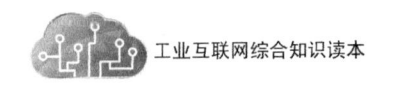

业不断推出扶持项目。

1. 加强战略引领

2011 年,德国工业科学研究联盟提出工业 4.0 概念之后,引发政府和业界高度关注和认同。为充分挖掘信息技术促进工业发展的潜力,抢抓新工业革命先机,德国政府出台系列政策和举措支持、引导工业 4.0 发展。2012 年 1 月,德国联邦教育局及研究部和联邦经济技术部联合指导成立"工业 4.0"工作组,负责统筹推进相关工作;2014 年,德国联邦政府出发布《新高科技战略(3.0)》,将工业 4.0 作为六大首要发展领域之"数字经济与社会"的核心领域;2014 年 8 月,出台《数字议程(2014—2017)》,以"工业 4.0"将信息技术与制造技术深度融合并全面提高企业生产率为前提,由该议程引领数字化进程,通过 7 个行动的整体布局,力争在智能制造与服务、大数据与云计算等领域为德国开拓更多的发展机遇;2016 年发布的《数字化战略 2025》,提出德国数字未来计划由包括工业 4.0 平台在内的 12 个支柱构成。2019 年 2 月,德国经济与能源部公布了《国家工业战略 2030》(草案),明确提出将机器与互联网的互联作为数字化发展的颠覆性创新技术加速推动,通过政府直接干预等手段增强机器与互联网融合技术领先优势,保证在竞争中处于领先地位。通过系列战略与政策指引,不仅确保工业 4.0 得以强力部署和实施,同时还为工业 4.0 的持续推进和体系化建设提供了有力保障。

德国各州也积极推进工业 4.0 发展。其中,拜仁州和巴登-符腾堡州(简称巴符州)最为典型。为支持工业 4.0 在中小企业中的应用,两州主要采用"产、学、研"紧密结合的模式推动工业 4.0 落地,以充分发展本地工业优势。拜仁州颁布了《数字拜仁战略》,其核心支持对象是中型企业,希望借助该战略改善本州的基础设施和结构,使拜仁州在 2030 年时成为数字德国的领头地区。该战略提出了系列政策措施，如建立"产、学、研"合作平台"数字化中心·拜仁"，逐步优化创业环境，通过数字红利为中小企业提供简化的支持措施等。此外，2015年，德国拜仁地区的"德国工程师协会""德国电气工程师协会"和纽伦堡德国工商总会联合发起了"中型企业工业4.0行动"，重点推动工业4.0商业模型创新的研究。巴符州为了充分利用数字化机遇，将本州打造成工业4.0的主导供应地和市场，于2015年5月在斯图加特成立了"巴符州工业4.0联盟"。这一联盟网罗了该州所有主要的工业4.0相关机构，还推出了促进工业4.0发展的一揽子相关举措，包括优先支持中小企业在工业4.0发展等。

2. 强化资金支持

德国政府对工业4.0的大力支持，还突出表现在政府资金的资助上。

德国联邦教育与研究部（BMBF）累计共拨付上亿欧元对工业4.0项目进行资助。《德国高技术战略2020》和《德国数字议程2014—2017》中列入的26个研究项目，主要支持制造业相关技术和信息通信技术两大核心方向；已划拨4 400万欧元，资助174家企业或机构开展"精英集群项目"，以打造智能系统供应基地；支持欧盟联合项目，旨在促进制造领域的跨国研究；为鼓励中小企业开展工业4.0测试，对参与工业4.0测试床测试的企业，一年提供10万欧元左右的经费资助（项目周期通常3~12个月）。近期，德国又提供500万欧元资助"工业数据空间（Industrial Data Space）"项目研究。

德国经济与能源部计划投入5 000万欧元支持工业4.0自主项目的研究，包括立法、信息技术安全、未来的劳动条件和技能、标准化四大主题。政府资助金额约占50%，企业或研究机构提供配套资金，共资助12~15个项目。在80~110家项目参与方中，45%是中小企业，35%是大企业，15%是研究机构，每个项目资助周期为3年。德国联邦运输和数字基础设施部公布战略计划,到2025年,将投资1 000

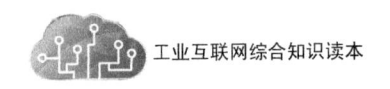

亿欧元用于部署光纤、5G 等高性能国家宽带网络，扎实推进工业 4.0 相关基础设施建设。

值得一提的是，德国政府对中小企业的支持力度较大。联邦经济事务和能源部通过中小企业创新中心项目，为中小企业提供直接资金支持。只要是员工人数少于 250 人的企业，都可以通过该项目申请无回报的研究补助，以覆盖企业研发费用。该项基金的费用高达 35 万欧元，可以覆盖约 55%的研发活动和约 50%的咨询服务。经济与能源部通过"中小企业 4.0 数字化生产及工作流程"资助项目，出资 5 600 万欧元建立 10 个中小企业数字化能力中心（计划建 12 个），为中小企业解决数字化应用、工业 4.0 技术引入过程中的成本和安全问题。

此外，德国地方政府为促进本地企业特别是中小企业更好地适应数字化、网络化和智能化发展，联合协会、科研院所以及大企业不断推出针对工业 4.0 的扶持项目，并给予相应资金支持。如巴符州州经济部将至少提供 8 500 万欧元的资助，上限为 14 500 万欧元，以支持工业 4.0 在中小企业的应用。

3. 搭建创新发展平台体系

德国拥有缜密的技术转化网络，涵盖了高校、公共研究机构、州政府和联邦政府、产业研究机构和各类基金组织。这些组织都由高度统一的联邦技术战略引导，彼此互相协作，支持基础研究和应用研究，以此推动技术和产业发展。在工业 4.0 方面，德国重点打造三大应用推广平台，充分地发挥政府、行业和企业作用，形成发展合力，加快工业 4.0 相关技术、标准、产业等的发展。

1）工业 4.0 平台

工业 4.0 平台侧重于明确后续行动建议，动员中小企业加强创新和行动，推进国际合作。由德国机械及制造商协会、德国电气电子行业协会和信息技术协会联合设立并负责运营。为加快实施工业 4.0，

2015 年 3 月 16 日，德国经济与能源部、德国教育和研究部接管了该平台，并在主题和结构上对其重新改造，负责协调政府、行业协会、科学界、企业界共同参与，提出推进工业 4.0 相关建议，以及促进工业 4.0 的国际合作等。工业 4.0 平台对外提供 3 项主要服务。

（1）工业 4.0 平台地图，集中展示各类型企业应用工业 4.0 解决方案的实例，可以据此了解工业 4.0 已发展到何种水平和程度。目前，该地图包括了来自法国、日本等公司在内的 363 个应用案例[12]。

（2）工业 4.0 在线图书馆，这是一个不断更新的数据库，包含工业 4.0 所有主题、研究成果、战略文献以及合作伙伴的案例学习。

（3）工业 4.0 测试床（Testbed），目前已搭建 76 个测试床[13]，大多分布在德国的大学和科研机构里，通过联网为横跨多个测试环境进行分布式生产和应用进程模拟仿真提供支撑，最大限度地完成工业 4.0 的局部实践。

2）工业 4.0 实验室网络（LNI 4.0）

侧重扮演对话与实验平台的角色。该实验室是德国弗劳恩霍夫协会与柏林工业大学在 2016 年 11 月共同组建的生产装备研究所，负责组织测试平台方案，提供信息、对接、测试、营销推广、标准化等一站式服务，旨在降低中小企业向工业 4.0 转型的门槛，帮助企业争取以最小的经济与技术风险进入市场。由于德国的中小企业散布在全国各地，为方便企业就近找到合适的实验场所，已在全德设立 76 个测试中心[14]。

---

[12] https://www.plattform-i40.de/I40/Navigation/Karte/SiteGlobals/Forms/Formulare/karte-anwendungsbeispiele-formular.html，引用日期：2019 年 3 月 21 日。

[13] https://www.plattform-i40.de/I40/Navigation/Karte/SiteGlobals/Forms/Formulare/karte-beratungs-und-informationsangebote-formular.html?oneOfTheseWords=Suchbegriff+eingeben，引用日期：2019 年 3 月 21 日。

[14] https://lni40.de/practice/test-labs/?lang=en，引用日期：2019 年 3 月 21 日。

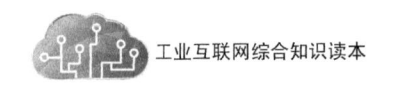

3）工业 4.0 标准化理事会

侧重推进跨行业领域的标准研制，对国内外标准工作进行协调，加强德国全球协作。2016 年 4 月，德国联邦信息经济、通信和媒体协会、德国标准化学会、德国电气电子和信息技术委员会、德国机械设备制造业联合会以及德国电气工程和电子工业协会联合设立"工业 4.0 标准化理事会"。主要职责是结合工业 4.0 要求提出相关标准，推动国内标准国际化和对接国际标准，从国内标准（国标）、欧洲标准和国际标准 3 个层面推动实施工业 4.0 时代的标准化战略。

4. 调整职业培训内容

德国企业现代化生产流程在工业 4.0 的背景下发生巨大变化，工业 4.0 的实施须要大量既精通制造业又擅长信息化的复合型人才，对人才数量和结构提出了新要求，进而对职业教育、学校教育、企业培训等产生重要影响。为支撑工业 4.0 的发展，德国在按照"双轨制"开展职业培训的过程中，对职业技术人员的培训课程进行了相应调整。目前，为配合推动工业 4.0 部署，德国对技师培训和考试增加了新内容，要求工业技师具备生产流程优化、新产品研发成本评估、企业人员规划及培训的行业能力，以及熟练运用数字化软/硬件的能力。

德国认为工业 4.0 的根本出发点和动力是通过先进技术手段，改进改善工作者的劳动组织方式和生产作业环境，让工人可以高质量、安全地进行智能设计、运作、维护，人机协同共同打造一个美好和谐的工业环境。为此，政府和工业 4.0 平台投入大量资金实施"工业 4.0 中的人"一系列课题专项，并计划建立相关示范基地，重点研究未来智能制造生产力下的生产关系和生产环境变化。面对工业 4.0 在未来可能给经济社会发展所带来的各种问题，例如，可能导致工作人员两极分化，即未来可能会形成高级复合型人才和仅负责执行机器指令的一般性工作人员两类，如何与时俱进地解决人的生存和发展问题，消除人对于可能会被机器取代所产生的焦虑与恐惧，实现经济社会共同进步等，均已纳入研究范畴，并组织相关力量开展研究，试图探讨有效的解决办法，将人和机器各自的优势发挥到极致。

4.2.3 日本

进入21世纪以来，日本政府相继推出了e-Japan、u-Japan和i-Japan战略，为日本工业互联网的发展奠定了良好的信息技术及网络设施基础。到2015年，日本首次提出推动信息技术与制造业融合发展。2017年提出发展"互联工业"，积极融入新一轮全球工业互联网发展大潮中。2018年6月又发布《2018年度制造业白皮书》，进一步明确"互联工业"战略。与美、德相似，完善要素保障、构建产业生态、优化发展环境，也成为日本布局工业互联网的重要着力点。

1. 加强要素保障

首先，日本加大工业互联网相关领域的投资，聚合财政资金投向产业发展的短板和瓶颈，引导各方积极参与工业互联网产业发展。2017年6月，日本通过了2017年经济财政运营基本方针和名为"未来投资战略"的经济增长新战略，确定以人才投资为支柱，重点推动物联网建设和人工智能的应用。"未来投资战略"提出，要把物联网、人工智能等第四次工业革命的技术革新应用到所有产业和社会生活中，以解决当前的社会问题，将政策资源集中投向健康、移动、供应链、基础设施和先进的金融服务这5个领域。具体目标如下：2020年正式将小型无人机用于城市物流；2022年卡车在高速公路编队自动行驶进入商业使用阶段。此外，还鼓励日本企业加大对人工智能、物联网等能够提高生产率的技术进行投资。2017年日本年政府预算见表4-2。

表4-2　2017年日本政府预算（支持物联网、大数据、人工智能）

主要机构	累计投资	重点领域
总务省	283.1亿日元	（1）预算277.1亿日元，主要用于模仿大脑分类学习等技能的人工智能开发，以及脑信息通信技术和社会认知解析技术研发的推进。 （2）6亿日元，主要用于物联网、大数据、人工智能等信息通信平台的实证研究
文部科学省	71.09亿日元	主要用于人工智能、大数据、物联网等网络安全一体化项目。 （1）理化研究所相关事业经费14.5亿日元。 （2）科学技术振兴机构新设相关课题经费11.5亿日元。 （3）既有相关研究经费28.49亿日元
经济产业省	45亿日元	主要用于人工智能和机器人核心技术研发。同时提供大量补贴资金，通过新能源产业技术综合开发机构（NEDO）委托民间企业和大学开展相关研发活动，并补贴产业技术综合研究所（AIST）进行相关研发。2016年第二次补充预算195亿日元，主要用于人工智能全球研发基地建设，并对产业技术综合研究所相关活动给予100%补贴
厚生劳动省	4.7亿日元	主要用于临床人工智能数据系统实证研究。预算1.8亿日元，主要用于探索人工智能支持新药研发活动
农林水产省	500亿日元（包括补贴）	主要用于新一代农林水产创新技术研发。预算40.88亿日元（包括补贴），主要用于重点委托研究项目。2016年补充预算117亿日元（包括补贴），主要用于创新性技术与目标明确技术研发，以及熟练农民的经验可视化项目
国土交通省	9.45亿日元	预算3亿日元，2016年补充预算0.6亿日元，主要用于物联网、人工智能、机器人等技术应用。预算4.86亿日元，2016年补充预算0.9亿日元，主要用于与海洋活动相关的物联网、人工智能、机器人等应用技术研发与实证

资料来源：根据公开资料整理

其次，日本政府不断创新人才培育方法，使各阶层的劳动者都能够具备信息化时代的劳动技能，夯实工业互联网发展的人才基础。日本政府设置了公共职业能力开发设施，为离职者、在职者和高校毕业生提供针对性培训。从 2014 年起，日本政府根据地区需求和特性采取了差异化的人才培养策略，并为这些人才培养项目设计培训课程，提供资金支持。同时，日本政府还为开展内部劳动者职业能力培训的雇主提供补助金，促进企业中劳动人员的职业发展。2017 年日本政府共投资 106 亿日元用于职业发展资金。此外，如果劳动者自己负担费用接受并完成一定的教育培训，那么政府要为劳动者支付一定比例的费用。例如，日本政府对参加制造业领域技能检测二级或者三级的实际技术考试的未满 35 岁的考生，给予最多 9 000 日元的支持，以鼓励更多的年轻人进行技能学习。

2．构建产业生态

日本政府鼓励以制造业为中心建立产业联盟等组织，促进日本物联网相关战略的实施。2015 年 6 月，日本 23 家企业发起创立了"工业价值链促进会"（IVI），并于 2016 年 6 月成立法人组织。IVI 通过区分合作领域和竞争领域，共享企业的参考模型，建立一个促使各企业的专有技术相互结合的机制，进而实现相关政策目标。2016 年 12 月，IVI 发布了工业价值链参考架构（IVRA），并积极与德国工业 4.0 参考架构 RAMI 4.0、美国 IIC 的工业互联网参考架构 IIRA 等进行对接。同时，日本政府还通过建立第三方产业组织以实现各方资源共享，2015 年 10 月，在日本总务省和经济产业省指导下，多家国内外企业共同组成"物联网推进联盟"，下设立物联网促进实验室开发先进的物联网项目，并尽快在社会上推广，并帮助实现不同领域的配对合作（解决方案配对）。至今为止，已经实施了 2 000 多个配对项目，促进了制造企业和 IT 初创企业等不同行业企业间的合作。日本工业互联网的产业生态如图 4-1 所示。

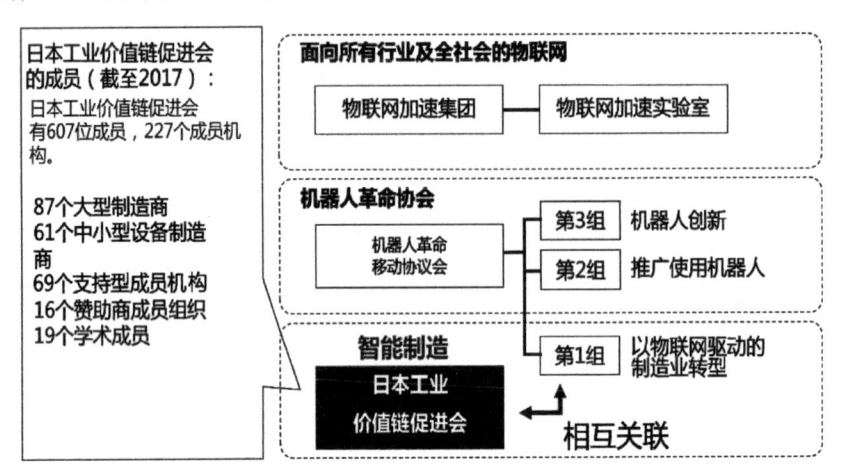

图 4-1　日本工业互联网的产业生态

3. 优化发展环境

首先，通过大规模的税改，降低企业税收负担，增强企业应用工业互联网的能力。2017 年 12 月 14 日，日本批准 2018 年税制改革纲要，将企业实际税率下调至 29.7%。随着美国税改方案的公布，日本政府提出了更进一步的税改举措。2018 年 1 月 14 日，日本政府公布了最新的 2018 年度税制修订大纲，将积极加薪、投资和创新的企业的法人税降至 20%[15]，旨在刺激国内制造业设备投资，提高员工工资水平。其中，对制造业影响最大的因素主要集中在企业税方面。

（1）2018—2021 年，工人薪酬与上一年度相比提高不小于 3%、设备等资产投资占总摊销费用比例不小于 90% 的大企业，允许将上一

---

[15] 法人税是日本政府对法人的所得征收的一种税。据商务部调查，安倍上台的 2012 年法人税的基本税率为 30%，年所得金额 800 万日元以下的中小企业适用 18% 的优惠税率。从 2013 年开始法人税基本税率下调至 25.5%，年所得金额 800 万日元以下的中小企业优惠税率下调至 15%（该优惠税率至今延用），2015 年基本税率下调至 23.9%，2016 年进一步下调至 23.4%，2018 年将下调至 23.2%。

年度总薪资增幅的 15%作为减税额，减税上限不超过总体税额的 20%。

（2）过去两年，企业教育和培训支出增加不小于 20%的企业，允许将上一年度总薪资增幅的 20%作为减税额，减税上限不超过总体税额的 20%。涉及的主要领域包括机械、家电、数字制造等，具体来说，相关的优惠设备包括传感器、服务器、软件，以及与机器人制造密切相关的机床、人工智能等。受此政策影响，日本制造企业大幅受惠，根据日本央行发布的数据，2017 年 12 月，制造业信心指数连续 4 个月上升，创 16 个月来高位。同时，为避免产业空心化与鼓励日企走出去，政策性银行设立 1 000 亿美元基金协助日本企业收购国外企业。相关税收优惠政策的推出，不仅能够引导企业积极从事能够获得税收优惠的相关产业或开展相关业务，同时，也能够降低成本，在企业层面为工业互联网发展提供资金保障。

其次，推动物联网、大数据、人工智能等前沿领域的国际合作，引导日本工业互联网国际化发展。在政府层面，积极推动与德国和法国的战略对接。在 2015 年 3 月的日、德会谈上，两国首脑在物联网等领域的经济合作上达成一致意见；2016 年 4 月，日本经济产业省与德国经济与能源部的副部长发表了《物联网和工业 4.0 合作共同声明》。在声明中，两国部委决定每年实施一次与物联网和工业 4.0 合作相关的局长级对话，并确定了在工业互联网安全、国际标准化、政府监管改革、中小企业发展、人才培养和技术标准研发 6 个方面的具体合作建议。2017 年 3 月，在德国汉诺威举办的消费电子信息及通信博览会上，为推进日本和德国更广泛的合作，两国决定将 2016 年副部长级共同声明升级为日本经济产业省及总务省与德国经济与能源部的部长级声明，并签署了《汉诺威宣言》，以及《德日研发及创新合作共同声明》《德日电动车、无人驾驶、车联网等相关备忘录》两份合作协议。在产业方面，以 IVI 为代表的日本产业界积极在全球范围内寻求合作，通过与 IIC 建立关系，带动日本产业界积极融入全球工业互联网的生态体系，将其在国内征集的百余个工业互联网应用案例直接输入 IIC，为输出标准化需求和商业范式奠定了较好的基础。

4.2.4 其他国家

除美国、德国、日本之外，印度、韩国、新加坡等国也都立足自身基础和优势，积极采取各种举措推进工业互联网发展，成为全球工业互联网版图中的重要力量。

1. 印度

印度是较早关注工业互联网的国家，利用工业互联网创新生产技术、改进产品功能被认为是推动印度传统产业发展的重大机遇。印度以国家战略为引领，充分发挥其在软件、人才等方面的优势，积极推动国内工业互联网及相关产业的发展。

一方面，印度政府以物联网系列战略为牵引，引导工业互联网发展。2014 年 10 月，印度政府发布《物联网战略》，目标是到 2020 年培育形成 150 亿美元的物联网产业。2015 年 5 月，印度公布了国家通信 M2M 路线图，建立了支持数字化和发展物联网的政策框架。路线图勾画出了物联网可为公共和私人部门提供的各种应用，详细给出了政府推动物联网发展和应用的规划。具体包括以下几方面：提供政府支持的风险投资基金，建立孵化器和试验床设施，以支持物联网发展；建立智能电网试验项目；与教育机构合作，提供具有数据方面技能的劳动力，等等。路线图还阐明政府发展 100 个智慧城市的雄心，未来 5 年的投资将达 74 亿美元。在该路线图中，印度还设置了一些外商进入的壁垒，旨在鼓励本国物联网产业的发展。

另一方面，充分发挥印度软件企业在人员、技术、解决方案等方面的优势，直接参与全球工业互联网合作，成为推动相关标准制定和测试床建设的重要力量。印孚瑟斯技术有限公司（Infosys）作为全球顶级软件企业，直接参与了工业 4.0 和工业互联网的标准制定过程，并积极推动德国"工业 4.0 平台"和 IIC 关于标准合作的系列主题研讨会，在美、德两国有关工业互联网标准的合作中充当了"调解员"的角色。同时，Infosys 积极和知名企业结盟推进工业互联网发展，德国库卡公司新近宣布和 Infosys 结成工业 4.0 合作伙伴，联合打造一个工业 4.0 云平台，以云技术来增进设备的连接，并将商业合作伙伴的设备也接入此平台，以打造生产制造的智能生态系统。除此之外，印度很多初创企业也将目光聚焦于工业互联网领域。印度物联网初创公司 HexOctane 在 2018 年年初，宣布获得了一笔来自旧金山的风投公司 Emergent Ventures 的 200 万～250 万美元的新一轮融资，计划利用这笔融资升级产品，并且加速业务发展和增长。

2. 韩国

韩国以其优势制造业和大型跨国 ICT 企业为依托，在国家战略的牵引下，积极推动工业 4.0/工业互联网的布局，进而带动国内制造业的转型发展。

2014 年 6 月，韩国正式推出了被誉为韩国版"工业 4.0"的《制造业创新 3.0 战略》。2015 年 3 月，韩国政府又公布了经过进一步补充和完善后的《制造业创新 3.0 战略实施方案》。这标志着韩国版"工业 4.0"战略的正式确立。同时，韩国还制定了长期规划与短期计划相结合的多项具体措施，大力发展无人机、智能汽车、机器人、智能可穿戴设备、智能医疗等 13 个新兴动力产业。为此，韩国政府计划在 2020 年之前打造 10 000 个智能生产工厂，将韩国 20 人以上的工厂总量中的 1/3 都改造为智能工厂。据估算,通过实施"制造业创新 3.0"战略,计划到 2024 年,韩国制造业出口额达到 1 万亿美元,竞争力进入全球前 4 名,超越日本,仅次于中国、美国和德国。

为确保战略目标的实现,韩国政府拟发动民间资本参与工业 4.0/工业互联网的建设和发展。计划投入约 24 万亿韩元(约合 230 亿美元)资金,用于加强对智能工厂、融合新兴产业等的投资。其中,韩国政府直接投入 2 万亿韩元(约占 8%),其余均拟通过吸引民间资本投入来解决。同时,韩国政府还将扶持和培育相对处于弱势地位的中小企业发展工业 4.0/工业互联网作为重点方向之一,采取了由大企业带动中小企业,由试点地区逐渐向全国扩散的"渐进式"策略,支持中小制造企业的"智能化改造",并出台了一系列支持创新创业的政策。2018 年,韩国在财政预算中就提出,在"经济不景气地区"创业的企业,可在 5 年内享受部分税务免征待遇。

3. 新加坡

新加坡是较早启动数字化转型的亚洲国家之一,认为工业互联网是"制造业未来计划"的关键推动力,并以国家战略为引领积极推广工业互联网发展,通过投资相关行业推动产业转型,构建具有全球竞争力的制造业行业。

在政府层面,2017 年 2 月,新加坡未来经济委员会发布《未来经济报告》,提出要保障未来的经济增长并帮助本地企业实现"数字化"。一方面,新加坡政府加大对相关产业发展的资金投入,并积极引入社会资本,为工业互联网发展提供充足的资金保障。2017 年,新加坡财政预算案承诺要在未来 4 年内投资 24 亿新加坡元推动未来经济战略的落地实施;为帮助中小企业建立数字化能力,政府将出资 8 000 万新加坡元,在资讯通信媒体发展局和标新局等政府机构的带领下,为企业提供针对个别产业的建议。2018 年将向国立研究基金会——淡马锡科研知识产权创投平台投资 1 亿新加坡元,用于支持企业推动相关项目的商业化发展。2018 年 3 月,新加坡政府宣布将资助 300 个来自各领域的中小企业与跨国公司,利用新加坡经济发展局所开发的新加坡工业智能指数进行评估,协助它们加速向"工业 4.0"转型。同时,新加坡政府还宣布将为利用新技术提高生产力的企业提供最高 70% 的资助。另一方面,新加坡政府也积极参与国际合作,通过引入外部资源、共同构建产业生态等途径,助力本国产业发展。2018 年 8 月,新加坡政府与韩国政府签署备忘录,聚焦第四次工业革命技术,加强双方在工业互联网、人工智能等领域的合作。此外,新加坡政府还不断完善税收环境,鼓励企业创新发展,在 2018 年的财政预算案中,新加坡通过提升研发费用的扣税额(从 150% 提高至 250%)及知识产权许可费和注册费扣税额(从 100% 提高至 200%,不超过 10 万新加坡元)等措施,推动相关领域的创新发展。

在产业层面,新加坡积极推动与主要国际机构合作,融入全球工业互联网产业生态。2017 年 9 月,新加坡科技研究局与思科系统、惠普、微软等 13 家企业签署合作备忘录,致力于为产业界开发物联网解决方案,如传感器、网关、工业数据分析、网络安全、集成系统和售后市场客户服务解决方案等。

第五章

中国工业互联网发展现状

我国工业互联网的发展与发达国家基本同步。近年来，中央部委加快推进工业互联网平台发展，地方政府积极配合推进，领先企业已率先开展工业互联网探索，在框架、标准、测试、安全、国际合作等方面取得初步进展，涌现出一批典型的企业和模式。特别是，我国充分发挥体制机制优势，形成了"政府抓引导、联盟抓生态、企业抓创新"的有机结合、上下联动的体系化推进局面。在"政、产、学、研、资"各方的共同努力下，我国工业互联网发展已经驶入快车道。

5.1 工业互联网总体布局

近几年，顺应新工业革命发展的趋势，我国加快了工业互联网推进步伐。形成以《国务院关于深化"互联网+先进制造业"发展工业互联网的指导意见》（以下简称《指导意见》）为顶层设计，以《工业互联网发展行动计划（2018—2020年）》以及网络、平台、安全各项细化政策为"四梁八柱"的总体政策布局。同时，各地积极落实中央

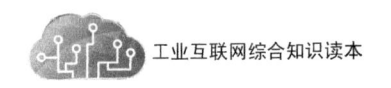

要求，结合自身特色，出台相关政策，形成多点开花的良好局面。

5.1.1 中央发布纲领性文件

2017 年 11 月，国务院正式印发了《关于深化"互联网+先进制造业"发展工业互联网的指导意见》（以下简称《指导意见》），形成国家工业互联网发展的顶层设计文件，加速推动我国工业互联网发展。工信部围绕《指导意见》，推动设立了工业互联网专项工作组，并于 2018 年 6 月出台了《工业互联网发展三年行动计划（2018—2020 年）》和《工业互联网专项工作组 2018 年工作计划》，确定了我国工业互联网起步阶段的发展重点、发展目标，并对具体工作做出安排。

1. 《关于深化"互联网+先进制造业"发展工业互联网的指导意见》

为深入落实党中央、国务院部署要求，2016 年，工信部在深入调研和论证的基础上，会同国家发改委、财政部、科技部、中国工程院等相关部门和单位，历时一年，编制完成了《关于深化"互联网+先进制造业"发展工业互联网的指导意见》，国务院于 2017 年 11 月 27 日正式发布《指导意见》。

《指导意见》以习近平新时代中国特色社会主义思想为指引，深入贯彻落实党的十九大精神，以供给侧结构性改革为主线，以全面支撑制造强国、网络强国建设为目标，围绕推动互联网与实体经济深度融合，构建网络、平台、安全三大功能体系，推动现代化经济体系建设。《指导意见》立足我国工业互联网现实基础，充分尊重技术发展和市场发展规律，着重把握以下 3 个要点：一是科学制定发展目标，衔接制造强国"三步走"战略，提出符合我国国情的工业互联网发展三阶段目标。二是突出抓好发展重点，将网络、平台、安全以及融合应用推广作为重点工作。三是统筹协调"四个关系"，坚持企业主体与政府推动相结合、创新发展与保障安全相结合、自主发展与开放合作相结合、统筹部署与因地制宜相结合。在政策延续性上，《指导意见》与《国务院关于积极推进"互联网+"行动的指导意见》《国务院关于深化制造业与互联网融合发展的指导意见》等相互衔接，内容上各有侧重。

《指导意见》确定的总体目标是，构建起与我国经济社会发展相适应的工业互联网生态体系，并确立了3个阶段目标：到2025年，基本形成具备国际竞争力的基础设施和产业体系；到2035年，建成国际领先的工业互联网网络基础设施和平台，形成国际先进的技术与产业体系，工业互联网全面深度应用并在优势行业形成创新引领能力，安全保障能力全面提升，重点领域实现国际领先；到21世纪中叶，工业互联网网络基础设施全面支撑经济社会发展，工业互联网创新发展能力、技术产业体系以及融合应用等全面达到国际先进水平，综合实力进入世界前列。其中，2018—2020年作为起步阶段，要初步建成低时延、高可靠、广覆盖的工业互联网网络基础设施，初步构建工业互联网标识解析体系，初步形成各有侧重、协统集聚发展的工业互联网平台体系，初步建立工业互联网安全保障体系。

《指导意见》围绕"打造网络、平台、安全三大体系，推进大型企业集成创新和中小企业应用普及两类应用，构筑产业、生态、国际化三大支撑"，提出了工业互联网发展的主要任务，归纳起来称为"323行动"。

第一个"3"指的是聚焦三大体系。一是夯实网络基础。面向企业低时延、高可靠、广覆盖的网络需求，大力推动工业企业内外网建设，推进工业互联网标识解析体系建设。加快推进宽带基础设施建设

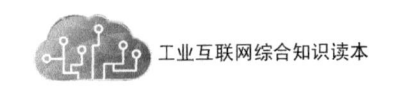

与改造，全面部署IPv6，加快5G商用进程。继续推进连接中小企业的专线建设，大幅降低资费水平。二是打造平台体系。从供给侧和需求侧两端发力，加快工业互联网平台建设推广，形成多层次、系统化的平台发展体系。推进百万家企业上云、百万工业App培育等工作，开展面向不同行业和场景的应用创新，提升平台资源集聚和应用服务能力，实现长期可持续运营。三是强化安全保障。建立涵盖设备安全、控制安全、网络安全、平台安全和数据安全的工业互联网多层次安全保障体系，推动安全技术手段建设，提升安全防护能力。

"2"指的是深化两类应用。一是提升大型企业的工业互联网创新和应用水平。推进设备联网与数据集成分析，开展基于数据的智能生产和运营管理，加强企业间网络化协同，发展大规模个性化定制，推动产品联网与远程服务，创新生产方式、组织形式和商业范式。二是加快工业互联网在中小企业中的应用普及。推动低成本、模块化的工业互联网设备和系统在中小企业部署，支持面向中小企业的设计与制造能力开放，降低数字化、智能化转型门槛，打造大众创业、万众创新和大中小企业融通发展新局面。

第二个"3"指的是构筑三大支撑。一是加强产业支撑。加大关键共性技术攻关力度，构建工业互联网标准体系，提升产品与解决方案供给能力。二是完善生态体系。构建创新体系，加快技术转移与应用推广。构建应用生态体系、企业协同和区域协同发展体系，形成融通发展、相互带动、区域互补的发展格局。三是推动开放合作。坚持引进来和走出去并举，引导国内外企业共建工业互联网良好生态，加强与国际组织的协同合作，共同制定工业互联网标准规范和国际规则，构建多边、民主、透明的工业互联网国际治理体系。

此外，《指导意见》还提出了建立健全法规制度、营造良好市场环境、加大财税支持力度、创新金融服务方式、强化专业人才支撑、健全组织实施机制六大保障措施，以确保各项工作顺利进行，尽早实现发展目标。

2. 《工业互联网发展行动计划（2018—2020年）》

为推进《指导意见》的落实，协同产业各方有序推进，工信部组织编制了《工业互联网发展三年行动计划（2018—2020年）》（以下简称《三年行动计划》）和《工业互联网2018年工作计划》（以下简称《2018年工作计划》）。

《三年行动计划》根据《指导意见》提出的"到2020年年底，初步建成工业互联网基础设施和产业体系"的总体目标，进一步细化了具体行动目标。一是初步建成适用于工业互联网高可靠、广覆盖、大带宽、可定制的企业外网络基础设施，企业外网基本具备IPv6支持能力；形成重点行业企业内网络改造的典型模式。初步构建工业互联网标识解析体系，建成5个左右标识解析国家顶级节点，标识注册量超过20亿个。二是初步形成各有侧重、协同集聚发展的工业互联网平台体系，分期分批遴选10个左右跨行业跨领域平台，培育一批独立经营的企业级平台，打造工业互联网平台试验测试体系和公共服务体系。推动30万家以上工业企业上云，培育超过30万个工业App。三是初步建立工业互联网安全保障体系，建立健全安全管理制度机制，全面落实企业网络安全主体责任，制定关于设备、平台、数据等至少10项相关安全标准，同步推进标识解析体系安全建设，显著提升安全态势感知和综合保障能力。

《三年行动计划》根据《指导意见》提出的七大任务形成了十项"重点工作"。综合考虑全球工业互联网发展的共性特点和我国突出的短板，对应《指导意见》内容，《三年行动计划》重点强调加快网络、平台、安全三大体系建设和应用带动等几项任务：一是"基础设施能

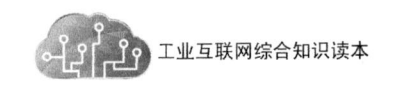

力提升行动"和"标识解析体系构建行动",对应《指导意见》中"夯实网络基础"这项任务,主要包括完善网络体系顶层设计、支持企业内外网改造、实施 IPv6 应用部署行动、推进专线提速降费、加大无线电频谱资源保障力度、建设和运营国家顶级节点等。二是"工业互联网平台建设行动",对应《指导意见》中"打造平台体系"这项任务,主要包括编制平台建设及推广指南、支持建设工业互联网平台试验测试环境和测试床、支持建设平台公共服务保障体系、推动百万工业企业上云、推动百万工业 App 培育等。三是"安全保障水平增强行动",对应《指导意见》"强化安全保障"这项任务,主要包括健全安全管理制度机制,强化平台及数据安全监督检查和风险评估,指导督促企业强化自身网络安全技术手段建设等。四是"新模式新业态培育行动",对应《指导意见》"促进融合应用"这项任务,主要包括开展集成创新应用试点示范,提升大型企业创新和应用水平、加快中小企业应用普及等。此外,《三年行动计划》还部署开展核心技术标准突破行动、产业生态融通发展行动、安全保障水平增强行动、开放合作实施推进行动,并就加强统筹推进、促进政策落地等具体任务做出安排。同时,《三年行动计划》明确了每项重点任务的时间节点和责任部门,确保各项任务按计划协同推进。

此外,在《三年行动计划》基础上,聚焦 2018 年工作重点,又进一步编制了《2018 年工作计划》。既提出了工作要求和时间节点,又明确了落实部门和具体举措。根据十大重点任务,《2018 年行动计划》共提出完善组织机制、加强监督评审、推动网络体系总体建设、建立标识解析管理体系、加快工业互联网平台建设等 31 项重点工作,细分为 58 项具体举措,明确了 102 个年度目标成果及完成时间,并将牵头部门、配合部门的责任具体落实到司局级,确保行动计划有序推进。

3. 各领域细化政策

为将战略变计划、计划变规划、规划变行动、行动变成效，工信部作为主管部门，已经出台或即将出台网络、平台、安全方面的落地性政策部署。

在网络方面，为指导工业互联网网络建设有序开展，明确网络建设方向和重点，加快网络升级改造进程，2019年1月，工信部发布《工业互联网网络建设及推广指南》（以下简称《指南》）。《指南》细化了工业企业建网络用网络的总体目标、实施路径和工作重点，有针对性地解决企业建网用网的突出问题。《指南》提出以"立标准"为基础，以"建网络、用网络"为核心，以"创环境""建秩序"为保障的思路，重点针对部分企业在网络建设时无从下手、无可参照、无法预期的现实问题，提出打造企业内网和企业外网标杆网络的重点任务。通过建设技术创新和行业应用测试床，增强网络技术创新能力，加速新技术应用部署和标杆网络复制推广，培育形成网络化改造新模式。此外，在2018年5月发布的《工业和信息化部关于贯彻落实〈推进互联网协议第六版（IPv6）规模部署行动计划〉的通知》中，对推动工业互联网IPv6应用进行了部署。

在平台方面，为引导各方合理布局，加速工业互联网平台体系建设和实施，先后出台了多份针对性政策文件。2018年5月，工信部印发《工业互联网App培育工程实施方案（2018—2020年）》，提出工业App培育的重点方向、主要目标、四大主要任务及三项保障措施。2018年7月，工信部印发《工业互联网平台建设及推广指南》和《工业互联网平台评价方法》，指导并规范了平台标准制定、培育推广、生态建设、运营管理和能力评价等方面的工作。此外，上海、广东、江苏等多个省（直辖市）发布工业互联网相关政策，明确提出要打造工业互联网平台体系，并通过"生态供给资源池建设"和"标杆打造"

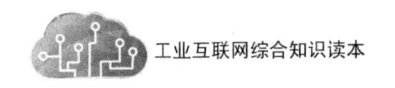

等多种方式，推动平台关键技术突破和实践推广。

在安全方面，工信部等十部委在 2019 年 9 月联合印发了《关于加强工业互联网安全工作的指导意见》，从健全制度机制、建设技术手段、促进产业发展、强化人才培育四大方面着力，构建责任清晰、制度健全、技术先进，覆盖事前防范、事中监测、事后应急的综合防范、立体防护、风险可控的保障体系。

5.1.2　各地制定差异化政策

地方政府以《指导意见》为指引，将工业互联网作为推进本地经济高质量发展的重要抓手，结合本地实际，推出本地的工业互联网相关发展政策，积极推进本地工业互联网发展。当前，北京、上海、天津、重庆、广东、福建、辽宁、安徽、河南、吉林、青海、甘肃、贵州、山西、江西、浙江、宁夏、湖北、江苏、湖南、陕西等 20 余个省、自治区、直辖市已出台或即将出台本地区的发展政策。我国工业互联网发展已经呈现出"由点到线，连线成面"的良好态势。

1. 结合本地优势实现产业特色发展

各地结合实际情况和产业优势，围绕网络、平台、安全三大核心体系，找准发力点，打造本地区工业互联网发展特色优势。例如，上海立足高端制造业发达的优势，在 2017 年年初率先发布了《上海市工业互联网创新发展应用三年行动计划（2017—2019 年）》，聚焦电子信息、装备制造与汽车、生物医药、航空航天、钢铁化工、都市产业等优势产业，积极创建国家级工业互联网创新示范城市；浙江省拥有阿里巴巴等实力较强的互联网企业及众多垂直领域的"隐形冠军"制造企业，依托本省制造业优势和互联网优势，积极推动汽车制造、纺织服装、家电家居、电子信息等重点领域的大型制造企业与互联网企业联合打造工业互联网平台，为产业链上下游企业提供创业创新环境和专业化服务，引导中小企业业务系统云化改造和云端迁移；山西省结合本省煤炭产业特点，重点打造"中国煤炭云"行业级工业互联网平台；广东省深圳市以建平台、测平台、扶持平台服务商为重点方向，推动工业互联网平台建设。各省、自治区、直辖市工业互联网政策制定及主要内容见表 5-1。

表 5-1　各地工业互联网政策发布情况及主要内容

序号	省、自治区、直辖市	文件名	发布时间	主要内容
1	辽宁省	《辽宁省工业互联网发展行动计划》（2016—2020 年）	2016 年年底	（1）重点行动：数字化水平普及行动、网络化水平提升行动、智能化转型升级行动、信息技术产业壮大行动、网络基础设施升级行动。 （2）保障措施：加强统筹协调，创新财税金融扶持，培育产业支撑体系，强化人才体系建设
2	上海市	《上海市工业互联网创新发展应用三年行动计划（2017—2019 年）》	2017 年 1 月 26 日	（1）聚焦重点产业：电子信息、装备制造与汽车、生物医药、航空、航天、钢铁化工、都市产业。 （2）重点任务：互联互通改造、服务平台建设、试点示范引导。 （3）保障机制：强化组织保障，加大财税支持力度，加快标准制定/修订，创新人才培养，培育应用市场

续表

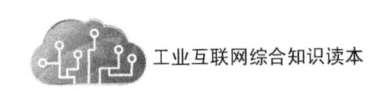

序号	省、自治区、直辖市	文件名	发布时间	主要内容
3	广东省	《广东省深化"互联网＋先进制造业"发展工业互联网的实施方案》	2018年3月22日	(1)重点任务：夯实网络基础，打造平台体系，加强产业支撑，开展应用示范，完善生态体系，强化安全保障。 (2)保障措施：加强组织领导，出台扶持政策，创新金融服务，强化人才培育，优化制度环境，推进交流合作
4	河北省	《河北省人民政府关于推动互联网与先进制造业深度融合加快发展工业互联网的实施意见》	2018年4月11日	(1)重点领域：生活类信息消费、公共服务类信息消费、行业类信息消费、新型信息产品消费。 (2)主要任务：提升新型信息产品供给能力，提高信息消费服务供给质量，扩大信息消费覆盖面，开展新型信息消费试点示范，优化信息消费发展环境。 (3)保障措施：加强组织领导，加大财税支持力度，加强统计监测和评价

续表

序号	省、自治区、直辖市	文件名	发布时间	主要内容
5	安徽省	《安徽省人民政府关于深化"互联网+先进制造业"发展工业互联网的实施意见》	2018年4月16日	（1）主要任务：建设新型网络基础设施体系，打造平台体系，构筑智慧制造体系，构建应用体系，健全网络安全保障体系，形成生态体系。（2）保障支撑：建立完善相关制度，营造良好市场环境，加大财税支持力度，创新金融服务方式，强化专业人才支撑，加强组织统筹推进
6	河南省	《河南省智能制造和工业互联网发展三年行动计划（2018—2020年）》	2018年4月18日	（1）主要任务：实施关键岗位"机器换人"行动，实施生产线智能化改造行动，实施智能车间建设行动，实施智能工厂建设行动，实施智能装备产业升级行动，实施工业互联网平台建设行动，实施"企业上云"专项行动，实施系统解决方案供应商引育行动，实施智能制造标准引领行动。（2）保障支撑：开展企业分类评价，推行企业诊断服务，完善网络基础设施，提升协同创新能力，建设专业人才队伍，加强财政金融支持力度。（3）组织实施：加强统筹协调，突出项目带动，深化开放合作，严格督导考核

续表

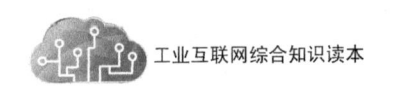

序号	省、自治区、直辖市	文件名	发布时间	主要内容
7	天津市	《天津市人民政府关于深化"互联网+先进制造业"发展工业互联网的实施意见》	2018年4月24日	(1) 主要任务：完善网络基础建设，打造平台服务体系，推动产业支撑能力建设，促进企业融合应用，构建工业互联网发展新生态，增强安全保障能力，推动工业互联网领域交流合作。 (2) 重点工程：信息基础设施提升改造工程、工业互联网平台培育工程、平台应用推广工程、产业发展提升工程、融合创新应用工程、创新引领示范工程、安全保障能力建设工程。 (3) 保障措施：强化组织保障、营造发展环境、加大财税支持力度、创新金融服务、强化人才支撑
8	福建省	《福建省人民政府关于深化"互联网+先进制造业"发展工业互联网的实施意见》	2018年4月26日	(1) 夯实网络基础：优化新一代网络基础，加强标识解析支撑，促进企业网络全面连通。 (2) 打造平台体系：发展基础赋能平台，发展行业特色平台，发展专业化应用平台，推动企业"上云上平台"。

续表

序号	省、自治区、直辖市	文件名	发布时间	主要内容
8	福建省	《福建省人民政府关于深化"互联网+先进制造业"发展工业互联网的实施意见》	2018年4月26日	(3) 加强产业技术支撑：培育多元创新主体，发展系统集成服务，加快发展工业软件，推动建立标准体系，强化知识产权布局。 (4) 构建融通发展新生态：促进大中小企业融通发展，推动行业跨界融通发展，构建开源开放生态，培育服务于应用示范园区。 (5) 强化网络安全保障：提升安全保障能力，发展工控安全产业。 (6) 完善保障措施：强化组织保障，完善服务体系，加大资金支持，强化人才支撑，推动开放合作
9	吉林省	《吉林省人民政府关于深化工业互联网发展的实施意见》	2018年5月4日	(1) 主要任务：夯实工业互联网网络基础，建设工业互联网支撑平台，打造工业互联网产业生态，强化工业互联网安全保障。 (2) 保障措施：建立工作推进机制，营造良好市场环境，落实支持政策，加强人才培养

续表

序号	省、自治区、直辖市	文件名	发布时间	主要内容
10	重庆市	《重庆市人民政府关于印发重庆市深化"互联网+先进制造业"发展工业互联网实施方案的通知》	2018年5月22日	(1) 主要任务：夯实网络基础，发展工业互联网平台，构建安全保障体系，推动工业互联网应用，构建产业生态环境。 (2) 保障支撑：协同工作机制保障、营造良好环境保障、强化财税支持保障、创新金融服务保障、推进专业人才保障
11	青海省	《青海省人民政府关于深化"互联网＋先进制造业"发展工业互联网（2018—2020年）的实施意见》	2018年6月19日	(1) 主要任务：工业互联网优化工程，工业互联网平台建设工程，工业互联网融合应用示范工程，工业互联网产业培育工程，工业互联网安全保障工程。 (2) 保障措施：加强组织领导，加强财政扶持，落实税收优惠，强化金融支持，注重人才培养
12	甘肃省	《甘肃省工业互联网发展行动计划》（2018—2020年）	2018年7月31日	(1) 重点任务：夯实网络基础，打造平台体系，加强产业支撑，培育融合发展新业态，构建安全保障体系。 (2) 保障措施：加大统筹协调力度，加强政策资金支持，强化人才队伍建设，完善监测评估机制

续表

序号	省、自治区、直辖市	文件名	发布时间	主要内容
13	贵州省	《贵州省推动大数据与工业深度融合发展工业互联网实施方案》	2018年8月11日	（1）工作目标：到2020年，初步构建工业互联网体系；到2022年，形成较为完善的工业互联网体系。 （2）重点任务：实施网络基础夯实工程，实施平台培育打造工程，实施企业登云用云工程，实施产业引进培育工程，实施先行先试创新工程，实施融合应用示范工程，实施安全体系保障工程。 （3）保障措施：加大统筹协调力度，加强财税金融支持力度，强化人才队伍建设，加大示范宣传力度
14	山西省	《山西省人民政府关于深化"互联网+先进制造业"发展工业互联网的实施意见》	2018年8月21日	（1）工作任务：夯实软硬件基础，打造平台体系，培育融合发展业态，加强融合产业支撑，构建安全保障体系。 （2）保障措施：加强组织领导，加大政策支持，加强人才培养，加大宣传力度

续表

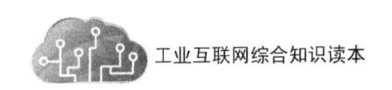

序号	省、自治区、直辖市	文件名	发布时间	主要内容
15	江西省	《江西省人民政府关于深化"互联网+先进制造业"发展工业互联网的实施意见》	2018年8月27日	(1)重点任务：改造提升网络基础设施，打造平台体系，强化产业支撑，深化融合应用，完善生态体系，强化安全保障。 (2)保障措施：加强组织领导，加大政策支持，强化人才支撑，优化发展环境
16	湖北省	《湖北省工业互联网发展工作计划（2018—2020年)》	2018年8月31日	(1)重点任务：夯实网络基础，打造平台体系，加强工业互联网产业支撑，开展工业互联网平台应用，完善生态体系，强化安全保障。 (2)保障措施：加强组织领导，建立健全法规制度，加大财税金融扶持力度
17	江苏省	《江苏省深化"互联网+先进制造业"发展工业互联网的实施意见》	2018年8月31日	(1)主要任务：强化工业互联网网络体系建设，强化工业互联网平台体系建设，强化工业互联网安全保障体系建设，强化工业互联网支撑体系建设，强化工业互联网生态体系建设。 (2)保障措施：健全组织实施机制，加大财税支持力度，强化人才队伍建设，营造良好发展环境

续表

序号	省、自治区、直辖市	文件名	发布时间	主要内容
18	宁夏回族自治区	《宁夏回族自治区人民政府关于加快"互联网+先进制造业"发展工业互联网的实施意见》	2018年9月5日	(1) 主要任务：构建工业互联网网络体系、打造工业互联网平台体系、促进融合应用、提升安全保障水平。 (2) 保障支撑：加大财税支持力度，加强人才支撑，构建工业互联网创新生态，强化组织保障
19	浙江省	《浙江省人民政府关于加快发展工业互联网 促进制造业高质量发展的实施意见》	2018年9月12日	(1) 主要任务：构建平台体系，推进融合应用，增强产业支撑，提升网络水平，强化安全保障。 (2) 组织实施：加强组织领导，开展试点示范，加大人才支持，建设人才队伍，推动开放合作，营造良好环境
20	北京市	《北京工业互联网发展行动计划（2018—2020年）》	2018年11月29日	(1) 主要行动：基础设施与公共服务体系建设、高端供给能力建设、应用创新生态建设。 (2) 重点工程：网络建设工程、平台发展工程、应用创新工程、安全提升工程、生态培育工程。 (3) 保障措施：强化组织保障，加大财政支持，强化产业协同，注重人才培养，推进国际合作

资料来源：根据公开资料整理

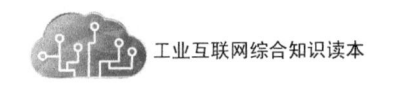

2. 实现安全与发展协调同步推进

我国工业互联网发展整体仍处于起步阶段，以鼓励发展为基本导向。同时，由于工业互联网事关生产安全、经济安全、国家安全，必须探索"边发展边治理"的发展模式，兼顾安全与发展两大主题，实施包容审慎的监管。为此，各地方政府在鼓励技术、模式等创新的同时，将工业互联网安全发展作为监管重点，着力营造安全可靠的发展环境。

首先，建立安全管理体系。地方政府指导企业落实安全监管责任，开展针对省内企业的安全检查评估，建立健全风险评估、信息通报、应急处置等管理制度及协同工作机制。同时，强调企业要落实安全主体责任，部署针对设备、网络、平台、数据等的相关防护措施。例如，辽宁省强调指导督促企业加强网络安全管理和技术手段创新；广东省提出建立工业互联网平台商、服务商"白名单"服务机制，对工业企业"上云用云"服务开展评估和抽查。

其次，强化安全保障能力。通过建设省级工业互联网安全监测及综合管理平台，覆盖省内重点企业，提升整体安全态势感知能力及应急指挥调度能力，助力省内安全监管。引导建设省级工业互联网安全服务平台，为省内企业提供测试测评、风险评估等安全服务。例如，重庆市拟研究制定全市工业信息安全事件应急预案，建设工业信息安全态势感知及应急管理等平台，并依托第三方机构开展信息安全检查与评估。

最后，营造安全支撑环境。加大产业培育及扶持力度，开展企业安全防护能力试点示范项目。加强人才培养和引进力度，开展相关安全培训及攻防演练，建立省级专家智库。例如，中国信息通信研究院与上海市经信委联合开展工业互联网安全攻防演练，增强企业安全意识及安全从业人员的工作能力。中国信息通信研究院还建设了工业互联网监测与安全综合管理平台，正逐步与地方相关管理局和重点行业龙头企业开展对接工作。目前，已与山东省、吉林省、江苏省、湖北省、广东省、重庆市、湖南省和浙江省等地开展联动建设。

3. 引入外部资源助力本地产业发展

工业互联网涉及业务领域多、产业链条长、行业门类广，不同地区有各自的产业优势和区域特色，也有相对短板。为充分发挥各地的比较优势，破解自身资源受限、能力不足等难题，各地以错位发展为指引，纷纷引进外部力量，携手推进工业互联网发展。

上海市联合中国信息通信研究院打造工业互联网创新中心，共建上海市工业互联网研发与转化功能型平台，将其作为构筑上海全球科创中心"四梁八柱"的核心组成部分。贵州省引入航天云网工业互联网平台，截至 2019 年 2 月，入驻航天云网工业互联网平台的企业用户达到 14 万余家，设备共有 4 093 台，发布采购需求 230.6 亿元，成交 101.98 亿元，发布的产品超过 3 万个，成交 3.69 万笔，有力推动了贵州省制造业的开放化、协同化、服务化和智能化发展，促进了大众创新万众创业。江苏省常州市本地缺乏能够引领发展的龙头企业，分别引入了航天云网、北京机械工业自动化研究所等机构，积极推进中小企业上云服务，并通过合建研发机构等，吸引优秀人才，推动常州市的工业互联网发展。截至 2019 年 4 月，在常州市累计牵引 3 757 家企业接入航天云网的 INDICS 平台，接入设备 21 515 台，覆盖了常州市区大部分规模以上企业。

4. 强化各类要素保障带动产业发展

为切实推动工业互联网落地实施，各地多措并举，除利用财政专项加大资金支持力度外，还通过建设"工业互联网生态资源池"等措施和手段，为本地工业互联网的创新发展提供资源保障。例如，上海市在2017年设立财政专项，计划3年内投入10亿元用于支持工业互联网发展，目前已开展2批试点工程。同时，上海市还利用财政专项支持成立全国首个工业互联网创新中心，推进关键技术测试验证、标识解析等国家顶级节点建设和工业互联网综合试验创建设等重点工作。2018年，上海市还将成立工业互联网产业投资基金，通过政府资金撬动社会资本推进本地工业互联网发展。

再如，广东省为支持制造业龙头企业、大型互联网企业和细分领域平台企业建设一批综合性、行业性平台，通过运营商和公有云降资费的方式，鼓励本地企业用平台。同时，通过政府补助和服务方式，把企业"用平台""建平台"费用下降30%左右；还结合工业互联网示范基地和试点地市建设，统筹15亿元财政资金，指导地市开展工业互联网应用创新标杆培育和企业上云试点；为增强持续发展能力，推动建立了"广东省工业互联网产业生态供给资源池"，计划到2020年，平台商和服务商超过200家，建成1~2个省级工业互联网创新中心。

深圳市作为广东和全国工业互联网发展的重要先发地，积极培育工业互联网平台，为每个平台建设提供不超过总金额的50%（最高3 000万元）的资金支持；积极建设工业互联网平台测试环境，为每个项目提供不超过总金额的30%（最高500万元）的支持；积极扶持平台服务商，遴选一批优秀的工业互联网基础平台服务商，每家最高奖励200万元。

5.2 工业互联网产业进展

在政府和产业各方的共同努力下,全社会对工业互联网的共识不断凝聚、动力不断增强、实践不断深化,带动重点领域加快突破,融合发展成效初现,产业生态逐步构建,推动我国成为全球工业互联网格局中的重要一极。

5.2.1 重点领域取得积极突破

近年来,我国工业互联网网络、平台、安全三大体系建设的广度、深度不断拓展,企业内外网络改造升级稳步推进,一批紧跟全球技术潮流、服务我国转型需要的工业互联网平台实现规模化商业应用;工业互联网融合应用模式加速普及,安全保障能力不断提升,多方协同联动的产业生态逐步形成。所取得的突破有力提升了我国工业互联网的供给能力,为产业应用连点成线、以点带面奠定了坚实基础。

1. 网络领域形成初步突破

国内相关企业、科研院所积极参加 ITU(国际电信联盟)、IEC(国际电工委员会)、ISO(国际标准化组织)等相关标准化活动,促进国内国际标准协同推进。除了在传统的工业以太网、工业无线网络领域推动我国自主技术成为国际标准,我国产学研单位积极参与时间敏感网络(TSN)、边缘计算、5G 应用等新技术国际标准的研究制定。基础电信企业探索构建独立的高品质企业外骨干网络,提供更可靠、安全、灵活的网络服务,窄带物联网(NB-IoT)在 2018 年年底建成并

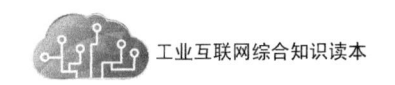

实现县级以上地区全面覆盖,固定宽带和 4G 网络的 IPv6 改造也基本完成。一批工业企业已经开始研究和应用工业无源光网络（PON）、IPv6、软件定义网络（SDN）、窄带物联网、边缘计算等新型网络技术改造企业内部网络,探索形成多种可复制可推广的网络化改造模式。同时,我国在时间敏感网络、边缘计算、5G 等新兴网络技术研发与产业布局方面与国际基本同步,为未来突破传统工业网络领域标准林立、国外巨头垄断、建设改造成本高企的局面打下良好基础。

2. 标识解析体系建设取得阶段性进展

成功研发支持 DNS 和 Handle 双协议的标识解析核心软件系统,实现我国在工业互联网标识领域软件系统的创新。标识解析国家顶级节点建设及应用推广取得积极进展,"东西南北中"（北京、上海、广州、重庆、武汉）顶层布局初步形成,这 5 个国家顶级节点均按照预定计划部署,进入试运行服务状态。一批面向行业和跨行业的二级节点开始探索建设,并逐步与国家顶级节点实现对接。以标识编码、识读、系统集成等为核心的应用生态正在形成,国家顶级节点上线试运行首月,接入标识注册量就超过 5 000 万个,在汽车、机械制造等行业率先开展应用,初步覆盖产品全生命周期管理、设备资产管理、供应链管理等环节。

3. 初步形成多层次的平台发展体系

具有一定行业、区域影响力的工业互联网平台已超过 50 家。其中,航天云网、树根互联、海尔、华为、阿里等一批综合性平台已形成较为成熟的平台服务能力。例如,截至 2019 年 3 月底,航天云网 INDICS 平台接入高价值设备逾 90 万台（套）,所汇集的工业 App 达 2 000 余款,其中云化工业软件 300 余款;海尔 COSMO 平台已聚合全球生态资源 390 万家,连接设备 2 600 多万台,通过叠加互联工厂成功经验,能为规模化个性定制模式快速赋能。重点行业形成石化盈科、宝信、东方国信、中车、中船等一批具有较强行业积淀和专业服务能力的平台企业；昆仑数据、寄云、智擎、索为等一批工业互联网平台初创企业快速发展，并受到资本市场的广泛认可。此外，基于平台涌现出一批面向机械、机床、风电、高铁等复杂产品的新型工业App，并实现商业化应用。

4. 安全领域防护能力持续增强

完成工业互联网安全顶层设计，初步构建起国家、省级/行业、企业三级协同的安全监测技术体系。启动国家平台和山东、广东、湖南、河南、江苏等省级平台，以及电子、航空、钢铁等重点领域企业级安全监测平台建设，初步具备对主流联网工业设备和工业互联网平台的安全风险发现能力。工业互联网安全标准试验验证环境搭建完成。企业自主研发的关于攻击防护、安全审计等产品已在石化、交通、能源等重点行业得到应用。例如，360 公司开发的工业互联网安全监测公共服务平台，能为工业企业提供工业应用站点、分布式拒绝服务攻击、高级威胁以及工业控制系统等的监测服务。相关科研机构也在加快建设工业互联网安全试验验证、安全监测预警、安全评测评估、安全公共服务等平台，努力构建工业互联网安全综合保障体系。例如，中国信息通信研究院打造的工业互联网安全监测与综合管理平台，目前已覆盖工业互联网相关 52 大类协议、3 686 个漏洞库，具备安全风险监测、预警通知及处置能力，可提供风险预警、产业热点视图等服务。

5.2.2 探索走出三大应用路径

我国先行企业积极探索、广泛布局，制造业企业和 ICT（信息通信技术）企业基于自身基础和产业特点，从重点环节、风险管控、供应链优化等不同视角推进工业互联网的应用部署。在探索过程中，分

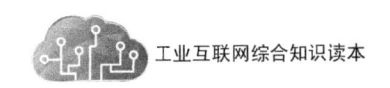

别以生产端、产品端和平台端为切入点,形成了以智能工厂、智能产品服务、工业互联网平台为代表的三大应用路径,带动企业生态运营能力、业务创新能力和智能生产能力的提升。

从总体上看,我国工业互联网在产业实践中已逐渐形成制造业企业与 ICT 企业两大阵营。一方面,制造业企业自身出于转型升级需要,以生产系统的智能化为出发点,将信息通信技术叠加到工业生产系统之上,实现机器之间、机器与系统、产业链上下游企业之间实时连接与智能交互,从而带动商业与业务层面的优化。简言之,就是从企业内部向企业外部以渐进的方式推动改良和升级。另一方面,互联网、基础电信和软件服务等信息通信企业通过商业模式创新,从营销、服务、设计环节的互联网新模式新业态着手,带动生产组织和制造模式的智能化变革。简言之,就是从企业外部向企业内部渗透。互联网企业更为积极地推动传统生产模式的变革、颠覆与重构。工业互联网两大推进主体的探索如图 5-1 所示。

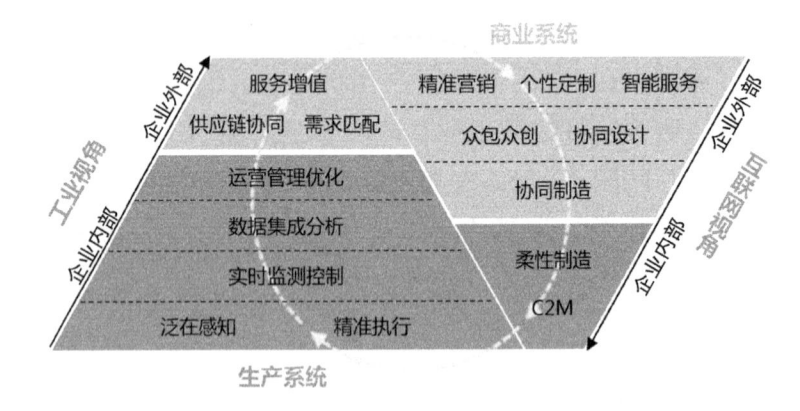

图 5-1 工业互联网两大推进主体的探索

在制造业企业和信息通信业企业两大阵营的共同推进下,我国工业互联网应用路径逐渐清晰,初步形成从生产端、产品端和平台端切入 3 种方式。

1. 从生产端切入的应用路径探索

从生产端切入的应用路径探索主要针对企业内部的生产率提升问题，以数据驱动的智能生产能力提升为重心，即利用工业互联网打通设备、生产线、生产和运营系统，提升生产率和产品质量，降低能源消耗，打造智能工厂。这里的"智能"主要体现为通过工业互联网实现企业内部全方位数据互联和全系统信息互通，进而开展智能化生产。全系统是包括设备、生产线、生产和运营系统在内的信息系统和控制系统，而全系统的打通又使得各类工业数据可以实现流动，打破了所谓的"数据孤岛"或"数据烟囱"。这一路径在电子信息、高端装备、流程型行业、家电、医药等领域已经得到广泛实践。依据着力点、侧重点的不同，面向企业内部生产率提升的智能化生产又可以进一步分为两类具体模式：一类是车间级生产优化，即利用工业互联网的深度感知和实时传输能力，实现对生产现场的人、机、物、生产线、环境等数据的全方位采集和实时监控；另一类是企业级生产和运营优化，利用工业互联网实现设备、控制和管理系统等的全面信息集成，并通过数据处理和分析实现生产和运营优化。企业内部全方位数据互联和全系统信息互通如图5-2所示。

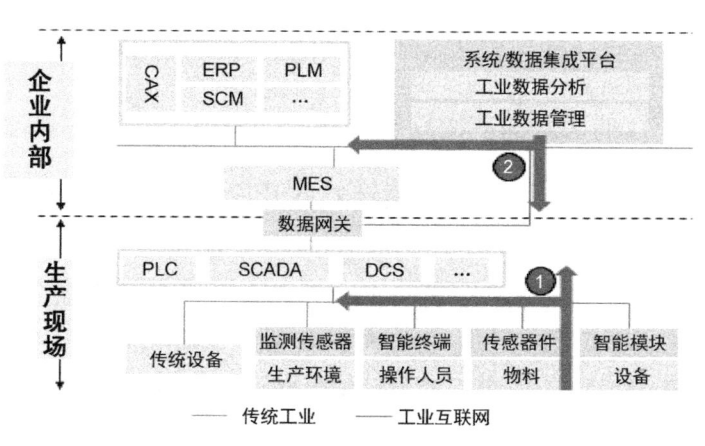

图 5-2 企业内部全方位数据互联和全系统信息互通

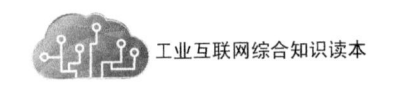

2. 从产品端切入的应用路径探索

从产品端切入的应用路径探索主要针对企业外部的价值链延伸，以提升数据驱动的业务创新能力为重心，利用工业互联网打通企业内外部产业链和价值链，通过连接和数据智能全面提升协同能力，实现产品、生产和服务创新，推动业务和商业模式转型，提升企业价值创造能力。这样的探索模式包含三大类应用模式：

（1）从以产品为核心延伸至以用户需求为核心的规模化定制，在家电、汽车、服装、家具等行业，一些企业通过工业互联网实现用户与企业产品定制服务平台的有效对接，提供基于需求精准对接的定制服务。

（2）从生产型企业转向生产服务型企业的服务化延伸，在家电、工程机械、电力设备、供水设备等领域，通过工业互联网实时监控产品的运行状况，开展远程监测、远程诊断、预测性维护等服务。

（3）从企业内部资源占有转向企业内外资源整合的网络化协同。在航空、航天、汽车、船舶、流程型行业等领域，通过工业互联网连接企业内外部设计、生产、物流等资源，企业不仅可以调配内部有限资源，还可以整合外部资源，将外部资源纳为己用，也可以对外提供资源。企业内外部基于工业互联网的应用模式如图5-3所示。

3. 从平台端切入的应用路径探索

从平台端切入应用路径探索针对向开放生态的平台运营，以提升数据驱动的生态运营能力为重心，利用工业互联网平台汇聚企业、产品、生产能力、用户等产业链资源，通过连接和数据智能实现资源优化配置，推动平台相关企业的生产运营优化与业务创新，打造面向第三方的产业生态体系和平台经济。我国领先的制造业企业、互联网企业、通信企业、软件企业等都积极布局工业互联网平台，在探索过程中，呈现出三类具体模式。

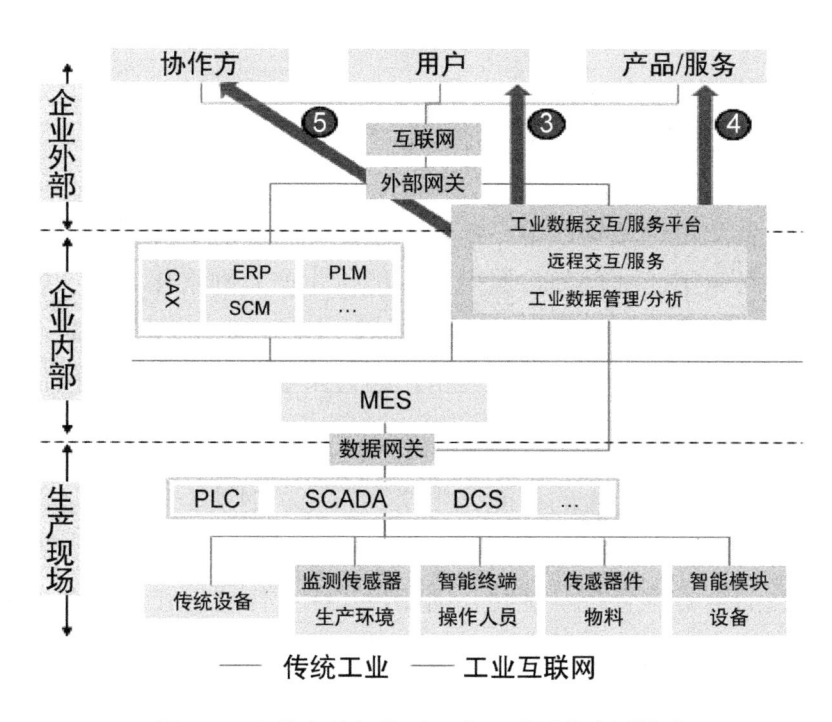

图 5-3　企业内外部基于工业互联网的应用模式

（1）装备、工程机械、家电等制造企业打造的运营优化平台，这类平台强调利用行业经验知识建模分析，挖掘工业数据价值，提供智能应用服务，优化设备、产品等工业资产的性能、能耗，这也是全球工业互联网竞争热点。

（2）家电、航空、航天、装备等制造企业为主体构建的资源协调平台，通过汇聚制造资源，推动信息跨域共享和能力跨界对接，提升各类信息、人力、设计、生产等资源的匹配效率。

（3）以 ICT 企业为主体构建的通用使能平台，这类平台对接工业企业系统，提供云计算、设备连接、计算服务、开发环境等基础性、通用性使能资源和服务。

5.2.3 催生四类典型应用模式

先行企业在探索实践中，结合中国多元化制造业场景，积极开展工业互联网应用模式创新，催生了智能化生产、网络化协同、规模化定制、服务化延伸等四类典型应用模式，并在装备、工程机械、航空、航天、汽车、家电等行业广泛应用，助力企业向智能化、绿色化、服务化、高端化发展。

（1）基于现场连接的智能化生产。石化、钢铁、电子信息、家电等行业利用工业互联网的部署，实现对生产过程、计划资源、关键设备等方面的全方位管控与优化。例如，九江石化通过在161个主要设备，751个工艺位号设置数据采集装置，实时进行数据采集和阈值展示，可以及时了解生产线设备的状态信息，实现智能化巡检和运维。

（2）基于企业互联的网络化协同。航空、航天、汽车、船舶等行业，借助工业互联网平台将分布于全球的设计、制造和服务资源有效地整合在一起，通过并行组织，大幅缩短产品研制和生产周期。例如，上海商飞建立全球网络化协同研发平台，通过国内跨地区协同研发和制造，C919型飞机的研制周期缩短20%，并彻底消除了因信息不一致而产生的问题，生产效率提高30%，制造成本降低20%，减少能源消耗10%，制造质量问题发生率降低25%。

（3）基于产品联网的服务化延伸。工程机械、电力设备、供水设备等装备制造行业，基于工业互联网实时监控产品的运行状况，并开展远程运维、健康管理等服务，实现向服务型制造转型。例如，徐工信息技术服务股份有限公司（简称徐工信息）利用汉云平台对泰隆减速机公司的机床进行联网数据采集，结合机床机理模型，通过大数据分析技术对机床进行实时监测、预测性维护等延伸服务，设备利用率提高了 7.65%，设备运维成本降低 20%。

（4）基于需求精准对接的规模化定制。家电、汽车、服装、家具等行业通过工业互联网，实现用户与企业产品定制服务平台的有效对接，推动用户与企业的深度交互，满足个性化需求。例如，康派斯房车基于海尔 COSMOPlat 平台开展大规模定制，用户参与定制需求提交、设计解决方案交互、众创设计、预约下单等产品全生命周期，综合采购成本下降 7.3%，生产周期从 35 天缩短到 20 天，产品溢价达 63%。

此外，基于海量数据开展应用创新。结合国内制造业企业在融资、订单等方面的切实需求，率先探索并实践平台服务与保险、信贷、租赁结合的新模式新业态，通过应用创新重构工业要素体系、优化产融资源配置，有效激发制造业转型升级的活力。例如，依托生意帮的协同制造管理平台，62 家具有闲置产能的中小企业获得了总数为 470 万个车牌的生产订单，盘活了 153 台闲置设备，交付周期由 90 天缩短至 14 天。

5.2.4 产业生态建设初步成形

以工业互联网产业联盟为主要载体，积极打造产业生态。2016 年 2 月，在工信部的指导下，中国信息通信研究院联合来自制造业、信息通信业等领域的百余家单位，共同发起并成立了工业互联网产业联盟（AII）（以下简称联盟）。工信部部长苗圩担任 AII 联盟指导委员会主任，副部长陈肇雄、辛国斌以及总工程师张峰担任指导委员会副主任，委员会委员由通信管理局、信息化和软件服务业司、网络安全管理局等工信部 15 个司局的相关负责人构成。中国工程院院士邬

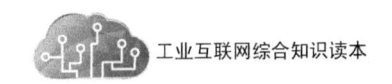

贺铨担任联盟专家委员会主任，中国工程院院士李伯虎担任副主任。中国信息通信研究院为理事长单位，中国航天科工、中国电信、华为、阿里巴巴、中国互联网协会等 20 家企业和机构作为副理事长单位，另外还有 58 家理事单位。联盟每年召开一次理事会，根据实际工作需要召开专家为会议，每季度召开一次工作组全会，每年召开一次会员大会。

以促进工业界和信息通信产业界跨界融合为己任，工业互联网产业联盟不断发展壮大。联盟成立以来，会员数快速增长，从成立初期的 143 家发展到 1 189 家（截至 2019 年 5 月底），涵盖了一大批具有国内外影响力的知名企业。其中，制造业企业占 25%，工业解决方案提供商占 37%，信息通信企业占 16%，安全公司占 9%，高校科研院所占 5%，境外企业占 4%，协会占 2%，投融资机构占 2%。工业互联网产业联盟根据产业最新发展情况，不断完善自身组织建设，逐步形成 12+9+X 的组织架构（见图 5-4）。其中，特设组和垂直领域组将根据发展趋势和产业发展需要进行动态调整（新设或撤销）。此外，为更好地服务地方发展需要，还在上海、广东、重庆、江苏设立了分联盟。

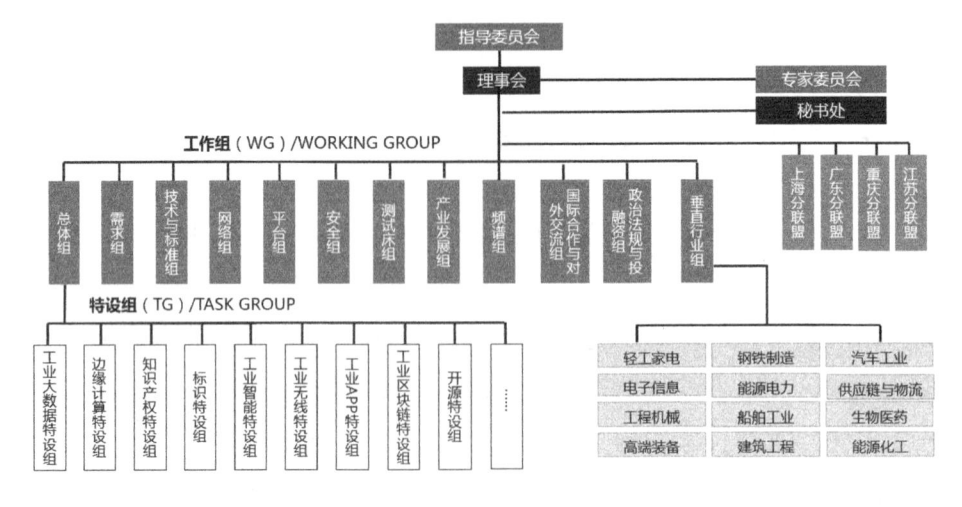

图 5-4　工业互联网产业联盟组织架构

以发挥协同联动效应为目标，工业互联网产业联盟在推动上下游企业对接、"产、学、研"协同、跨领域合作方面的作用日益彰显。主要体现在以下 4 个方面。

（1）协同各方开展相关研究，截至 2019 年 5 月底，共发布白皮书/研究报告 45 份，尚有 10 多项研究正在推进中，持续夯实工业互联网发展的理论基础，有效指导和规范了工业互联网的创新与发展。

（2）组织联合开展试验验证，遴选出 48 个测试床、65 个优秀应用案例、30 个网络优秀解决方案，并开展 17 个工业互联网平台可信服务认证，为工业互联实现从 0 到 1 的突破和加速平台的商业转化和规模化应用提供基础支持。

（3）设立工业互联网产业联盟实训基地，已在江门、青岛、武汉成立第一批基地，助力工业互联网专业人才培训技术和应用在地方落地及推广。

（4）携手推进国际化发展，工业互联网产业联盟通过加强与美国工业互联网联盟（IIC）、德国工业 4.0 平台、日本工业价值链促进会（IVI）多个国际工业互联网产业组织开展对接合作，推动工业互联网在标准、技术等方面与主要国家之间的合作和交流。

创新中心建设有序推进，全力打造区域工业互联网发展生态。为全面推动工业互联网创新发展，各地方主管部门结合本地产业发展特点，引导支持区域内制造业企业、ICT 企业、高校和科研机构等联合建设工业互联网创新中心。创新中心致力于汇集优势资源，推动"产、学、研、用"合作，聚焦工业互联网技术与产业发展的瓶颈，开展技术研究、标准研制、产品研发、测试验证、示范应用，打通工业互联网创新链与产业链，加速技术突破、成果转移和产业化，并提供工业

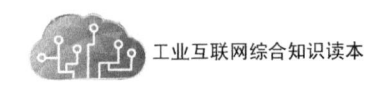

互联网应用推广、人才培训和"双创"孵化等一系列公共服务。目前，上海、广东等地均已启动工业互联网创新中心的建设，形成以创新中心为核心节点，包含平台、技术、资金、人才、政策等要素的区域工业互联网产业生态。

示范基地建设启动，示范作用逐步发挥。工信部于 2017 年启动示范基地创建工作，将上海松江区作为全国首个工业互联网产业示范基地进行培育，旨在打造推动区域工业互联网创新发展的重要引擎，助力长三角地区世界级制造业集群的建设。根据《指导意见》要求，到 2025 年，我国要建成 10 个左右具有较强示范带动效应的工业互联网示范基地。示范基地将按照"聚焦重点、结合优势、科学布局、联动发展"的导向和原则进行建设，重点开展基础设施建设与升级改造、公共服务能力强化、关键技术研发与产业化等工作，并在技术创新、产业支撑、节能集约、安全发展、工作保障等方面形成全国示范效应。

5.3　中国的优势和差距

当前，全球工业互联网正处在格局未定的关键期和规模化扩张的窗口期，主要国家政府和产业界正加大投入，积极推进工业互联网发展。我国工业互联网发展与主要国家基本同时起步，抓住重要战略机遇期，客观、全面、准确地认清我国的优势和差距，对制定合理的发展目标和发展路径至关重要，也直接关系到我国工业互联网发展能不能赢得主动、赢得优势、赢得未来。

5.3.1 中国的优势

中国既拥有全球规模最大的制造业和最为完备的工业体系,又拥有强大的信息技术产业和活跃的互联网创新生态。这两大阵营借助跨界融合创新谋发展的意愿强烈,使得我国工业互联网发展具备先天优势。同时,我国推进部署工业互联网的时间较早,中央与地方政府高度重视,产业界积极响应,为我们快速推进工业互联网发展奠定了基础。只要找准定位,充分发挥自身优势,就有可能走出有中国特色的发展之道,实现又快又好地发展。

1. 大国大市场优势显著

我国作为全球制造业第一大国,拥有41个工业大类、191个中类和525个小类,是全世界唯一拥有联合国产业分类中全部工业门类的国家,从而形成了一个举世无双、行业齐全的工业体系。这意味着我国相比其他国家有着更为丰富和庞大的应用场景与应用主体,能为工业互联网各类探索实践提供试验验证环境,具备更为有利的催生和孕育新模式新业态的条件。同时,我国工业企业众多,且数字化、网络化、智能化转型发展的需求迫切,这意味着即使在细分领域工业互联网也有着将潜在市场转化为现实市场的有利条件。即国内市场足够大,容易突破起始规模(或最小经济规模)的制约,从而为新模式新业态快速发展壮大提供必需的市场土壤,实现市场需求牵引下的良性发展。

2. 协同创新优势明显

我国是制造大国,也是互联网大国,具有完备的制造业和互联网产业体系,产业链齐全,可有效形成跨界融合创新合力,从而使得工

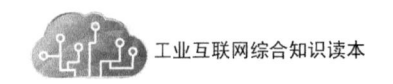

业互联网领域的重点突破具有可靠支撑。尤其是我国互联网企业在消费互联网领域应用创新活跃，在电子商务、分享经济等方面走在了世界前列，涌现出了一大批先进的产品与模式，为工业互联网领域融合创新发展积淀了大量技术和可借鉴的模式与经验。利用制造业企业的专业优势与互联网企业应用创新和商业模式创新等优势，两者交汇融合，将推动工业互联网迸发出巨大的发展潜能。另外，不同于发达国家主要由处在工业 3.0 阶段的大企业推进工业互联网建设，我国大中小企业对于发展工业互联网均有较高的积极性，形成了大企业借助工业互联网寻求系统性优化提升与创新突破、中小企业借助工业互联网加快数字化能力补课的融通发展局面，产业协同推进更为活跃。

3. 集中力量办大事的体制机制优势突出

习近平总书记指出，"最大的优势是我国社会主义制度能够集中力量办大事"，"社会主义同资本主义比较，它的优越性就在于能做到全国一盘棋，集中力量，保证重点"。工业互联网是一个庞大的系统工程，其艰巨性和复杂性非同一般。特别是我国产业基础薄弱，核心技术和关键基础能力不足。为此，国家层面做出统筹部署，要求集中资源、重点突破、以点带面，形成"星火燎原"的发展格局。在工业互联网领域采用"集中力量办大事"的做法，无疑将有助于弥补市场作用的不足，促进上下贯通，引领关键技术重点突破，高效快速推进工业互联网落地实施，加速工业转型升级进程，推动经济高质量发展。

5.3.2　与国外的差距

尽管我国工业互联网发展具备良好的产业和网络基础，推进工作取得初步进展，但与发达国家相比、与支撑制造强国和网络强国发展的需求相比，在核心技术、关键基础能力和安全防护水平等方面仍然存在一定差距，亟须加快弥补短板。

1. 网络方面

国内多数企业的网络化水平较低，向高端化、智能化演进的基础薄弱；工业网络标准、技术、产业基本被外商掌控，并且标准众多、互通性差。现有企业外部网络主要依托面向消费需求的公众互联网，难以满足工业生产高安全、高实时和高可靠的要求；IPv4 资源枯竭，无法满足工业互联网海量地址需求，同时 IPv6 部署进度较为缓慢，我国 IPv6 流量在网络流量中的占比仅为 3.1%，而美国已超过 35%。此外，由于网络改造与建设无法为制造业企业直接带来业务产出，属于投入大、见效慢的基础性工程，导致企业的积极性不高。

中外（以美国为例）网络关键技术标准对比见表 5-2。

表 5-2　中外（以美国为例）网络关键技术标准对比

关键指标	美国	中国
主导标准	主导或推动 Ethernet/IP、HART 等主流工业总线或工业以太网标准	制定了 EPA、WIA-PA/FA 等标准
市场份额	Ethernet/IP 全球工业以太网占比超过 18%	EPA、WIA-PA/FA 等标准缺乏商用部署
创新技术	TSN 等前沿技术研究引领全球	紧跟国际新技术发展

2. 标识解析方面

当前要构建适合我国长远发展的工业互联网标识解析体系，任务艰巨，挑战极大。一是全球尚没有成熟的工业互联网标识解析方案，多种技术方案并存,仅在个别领域做了初步实践探索,不能满足工业互联网发展需要。二是现有标识解析方案还不够成熟,相关技术、标准、产业、应用、治理都很不完善。三是标识解析系统的产业生态弱,缺乏对核心技术和应用方案进行有组织、大规模的验证能力,制约技术产业发展和应用普及推广的良性循环。

3. 平台方面

工业互联网平台是工业全局优化的重要基础,具有天然的行业垄断性,汇集大量重要工业运行数据,其发展事关经济安全,必须建设自主可控的本土平台。目前,国外平台迅速壮大,以 GE、西门子为代表的国外领先企业实力雄厚且行业经验丰富,其能力基本覆盖平台各层需求,这些企业推出的平台已开始在我国多个关键领域渗透。而我国平台企业与 GE、西门子等相比,在技术水平、应用覆盖、生态整合能力等方面均存在较大差距。例如,在平台商业成熟度方面存在至少 3 年的差距,并且还存在基础重复性投入多、深入化发展不足等问题。此外,国外领先企业已开始积极探索前沿技术在平台的集成应用,加快人工智能、区块链等技术布局。而我国企业尚处于起步阶段,目前还聚焦于如何解决基础应用的技术问题,同时受到资本和技术实力的限制,对人工智能、区块链等前沿技术布局还不够。中外(以美国企业为例)代表性工业互联网平台对比见表 5-3。

表 5-3 中外(以美国企业为例)代表性工业互联网平台对比

关键指标	美国(GE Predix)	中国(徐工信息 Xrea)
第三方开发者数量	约 50 000 人	1 000 人
云基础设施	AWS、Azure 等	阿里云等
基于平台的应用	技术水平高,应用层次深	服务种类多,覆盖领域广,应用不够深入

4. 安全方面

工业互联网连通工业系统与互联网，互联网安全风险将延伸渗透到制造业关键领域，网络安全与工业安全风险交织，将影响工业安全、经济安全乃至国家总体安全。目前，我国在工业互联网安全防护方面存在以下问题和风险。

（1）安全监管和制度体系不健全，工业互联网涉及行业众多，监管职责分散于各个行业主管部门，尚未形成统筹协调的监管体系。同时，主体安全责任划分模糊不清，难以有效督促企业落实工业互联网安全保护要求。

（2）企业安全意识薄弱，工业企业普遍存在重发展轻安全的情况，对工业互联网安全缺乏足够认识，安全防护投入较低，安全产品、安全解决方案应用水平不高，实力薄弱的中小企业更是缺乏配套资金及人力部署安全措施。

（3）市场驱动乏力，产业支撑不够，安全可控问题严重。由于企业安全投入意愿较弱，导致安全市场驱动乏力，缺乏体系化、针对性的工业互联网安全产品和方案设计。同时，我国缺乏行业认可的开展安全审查及评估认证的第三方机构，无法保证产品和服务的安全性。

（4）安全技术能力不足，难以抵御有组织的网络攻击。目前，我国整体工业互联网安全才刚刚起步建设，在传统工业领域应对新型攻击的安全能力不足，尚未形成国家层面的、有组织的工业安全运行监测、网络安全事件监测等可精准预警、快速处置和有效溯源的全网态势感知技术手段。中外（以美国为例）工业互联网安全对比见表5-4。

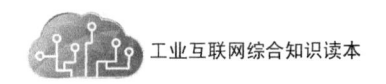

表 5-4　中外（以美国为例）工业互联网安全对比

关键指标	美国	中国
工业安全重点实验室	6 个国家重点实验室	2 个国家重点实验室、5 个部级重点实验室
网络安全投资占整体信息化建设经费的比例（2017 年）	4.78%	<0.24%
工业安全相关标准	主导国际标准：IEC62443 系列标准，国家标准 10 项以上	主要遵循国际标准制定国家标准 7 项以上
网络安全产业规模（2017 年）	408.76 亿美元（北美地区）	439.2 亿元

5．产业技术方面

我国工业互联网关键技术基础与国外差距较大，面临"卡脖子"风险，亟须加快弥补短板。目前工业与信息技术领域关键标准多由外商把持，国内高端工业传感器、工业控制系统、高端工业软件等基本被国外垄断。全球工业现场总线、工业以太网标准协议全部由少数外企掌握，95%以上的工业以太网网络设备市场由外企垄断。工业控制领域 95%以上的高端 PLC 市场、50%以上的高端 DCS 市场被外商占据。在工业软件方面，国外企业研发的 CAD、CAE、PLM 等高端工业软件占据了国内航天、航空、汽车等行业 90%的市场。工业机理模型积累不够，GE 积累的不同行业机理模型多达 190 多种，远远超过国内企业水平。

6．市场主体方面

缺乏相当数量的具备综合整合能力的龙头企业和各类方案提供

商，直接影响工业互联网发展进程。一方面，我国缺乏类似 GE、西门子等具备综合解决方案和全领域覆盖能力的龙头企业引领产业发展，国内企业长远布局能力薄弱，技术含量亟待提升，自主可控以及引领国际发展的能力不足。以工业互联网平台为例，美国工业互联网平台有庞大的开发者队伍，Predix 现有第三方开发者 4 万余人，而国内徐工信息 Xrea 平台开发者仅 1 000 人左右。Predix 提供的服务在技术水平、专业能力、应用深度等方面都更为突出，已被宝洁、BP 石油等众多知名大企业采用。国际巨头处于高端制造产业链顶端，在平台的产业覆盖面上有先天优势，而国内企业在跨行业和垂直领域横纵两个方向上的整合能力都较为薄弱，难以构建自主产业生态。另一方面，针对具体工业各子领域的方案提供商队伍尚未建立，具备一定技术和经验的制造业企业正在探索如何向方案提供商的转型。同时受到专业壁垒的影响，ICT 企业在拓展面向工业领域的业务时也举步维艰，这导致我国工业互联网外部服务体系发展相对滞后。

第六章

中国工业互联网典型实践案例

近年来,特别是《国务院关于深化"互联网+先进制造业"发展工业互联网的指导意见》出台以来,产业界对工业互联网的热情不断升温,涌现出一大批融合创新的典型应用案例。本章遴选了16个典型实践,涉及高端装备、轻工家电、电子信息、工程机械、原材料等各个行业,从不同视角展示我国企业在新旧动能转换、传统产业高质量发展大背景下对工业互联网的探索实践。不仅为广大产业主体进行工业互联网实践、实现生态化发展、拓展价值空间提供了有益借鉴,也为传统产业转型升级、打造"双创"升级版、实现大中小企业融通发展贡献了自己的"解决方案"。

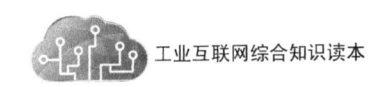

6.1 特定场景数据深度分析优化类应用实践

6.1.1 酒钢与东方国信的实践案例——能耗管理优化

酒泉钢铁集团（简称酒钢）始建于 1958 年，是新中国继鞍钢、武钢、包钢之后规划建设的第四个钢铁工业基地。经过 50 多年的发展，酒钢已成为西部最大的钢铁联合企业，成为甘肃省多元发展的大型骨干企业集团。酒钢钢铁主业拥有碳钢、不锈钢两大生产体系，形成了年产钢 1 200 万吨、不锈钢 120 万吨的生产能力，主体生产装备全部达到国际国内先进水平，是我国西北重要的碳钢和不锈钢精品生产基地。北京东方国信科技股份有限公司（简称东方国信）成立于 1997 年，是国家规划布局内的重点软件企业，自主研发工业互联网平台 Cloudiip，提供工业大数据、工业数据建模分析、工业机理模型、微服务开发、工业 App 等解决方案。

1. 实践背景

作为占据钢铁企业约 70%的成本和能耗的炼铁厂，其生产过程的数字化和智能化水平相比于钢轧工序依然较低。通过炼铁大数据平台和智能化系统的建设，降低炼铁异常工况及燃料消耗，不但能为炼铁厂带来巨大的经济效益，还可以直接降低炼铁燃耗及 CO_2 排放，实现节能减排和绿色冶金。

2. 实施情况

1) 炼铁大数据平台总体架构

炼铁大数据平台总体架构如图 6-1 所示。

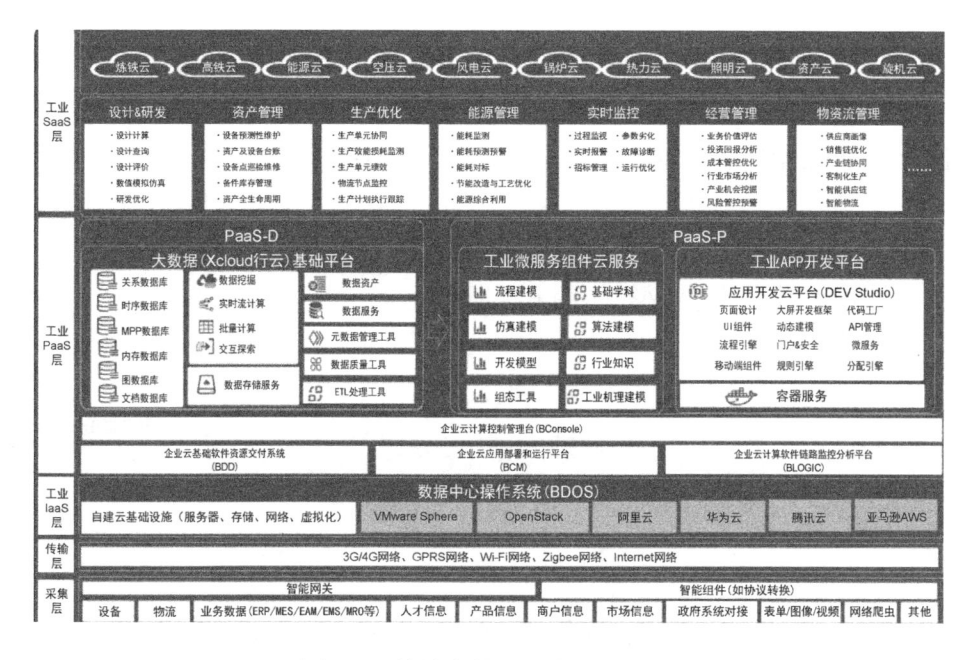

图 6-1 炼铁大数据平台总体架构

采集层：包括智能网关及智能组件两大类，主要采集转换的信息具体包括设备、物流、业务数据（ERP/MES/EAM/EMS/MRO 等）、人才、产品、商户、市场信息等；智能组件主要包括政府系统对接、表单/图像/视频、网络爬虫等。

传输层：建设 3G/4G、GPRS 网络、Wi-Fi 网络、Ziqbee 网络、Internet 网络等。

工业 IaaS 层：主要是指大数据操作系统（BDOS），其组成部分主要包括自建云基础设施（服务器、存储、网络、虚拟化）、VMware Sphere、OpenStack、阿里云、华为云、腾讯云、亚马逊 AWS 等。

工业 PaaS 层：主要包含 PaaS-D 和 PaaS-P。其中 PaaS-D 主要是基于各种工具对数据进行解析、清洗、分类、入库、分析等；PaaS-P 主要提供工业微服务组件云服务以及工业 App 开发平台。

工业 SaaS 层：结合行业以及各类业务需求，针对接入的各类数字化设备，进一步实现功能优化，包括设计和研发、资产管理、生产优化、能源管理、实时监控、经营管理、物资流管理等。

2）主要内容

炼铁大数据平台业务如图 6-2 所示。

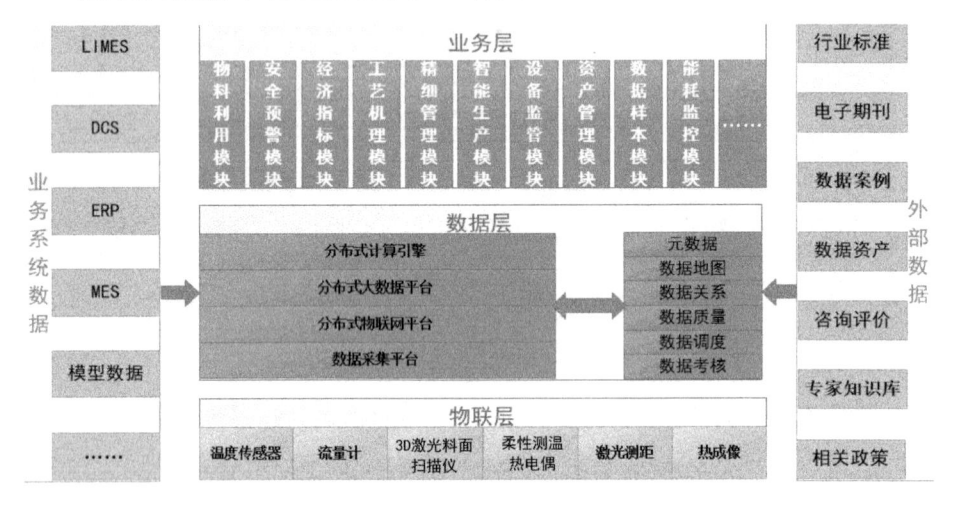

图 6-2　炼铁大数据平台业务

（1）炼铁大数据平台通过在企业端部署自主研发的工业传感器物联网，使高炉"黑箱"可视化，实现了企业端自感知。然后，通过数据采集平台，把实时数据上传到大数据中心；还可通过分布式计算引擎等，对数据进行综合加工、处理和挖掘。

（3）在业务层以机理模型集合为核心，结合多维度大数据信息形成大数据平台的核心业务，包括物料利用模块、安全预警模块、经济指标模块、工艺机理模块、精细管理模块、智能生产模块、设备监管模块、经营分析模块、资产管理模块、能耗监控模块等。

（4）应用传输原理、热力学、动力学、炼铁学、大数据、机器学习等技术建立高炉专家系统，结合大数据及知识库，实现"自诊断""自决策"和"自适应"。

3）关键应用

（1）智能物料能量优化。部署了自主开发的三维（3D）激光料面扫描仪、炉顶热成像、风口高速 CCD 摄像等传感器，对高炉的炉体状态进行实时精准监测；联合有关高校研发了炼铁能耗专业性机理模型和大数据人工智能模型，实现对高炉冶炼从经验性认识到本质性掌控；通过调用上述微服务模型，开发了物料平衡 App、高炉体检 App、异常炉况诊断 App、智能烧炉 App 等工业 App，建立了高炉的动态全局数字孪生，实现对高炉冶炼物料和能量利用方面的智能优化。

（2）智能监测工业 App。部署了自主开发的柔性测温热电偶和集成引出式长寿命检测系统、高精度高分辨率低功耗冷却水热流强度检测系统、无线吸附式高温炉体检测系统，实时采集高炉生产参数；联合有关高校研发了炉缸炉底的三维非稳态温度场计算模型、冷却壁炉墙温度场应力场计算模型、风口套温度场及冷却水流场计算模型等机理模型。通过调用上述机理模型，开发了炉缸侵蚀情况监测 App、冷却壁监测 App 等工业 App，防止了多起炉体烧穿重大安全事故的发生，也延长了高炉的使用寿命，这两款 App 在国内炼铁行业的覆盖率已经超过了 20%。

3. 价值成效

炼铁大数据平台已累计应用于超过 230 座炼铁高炉，行业覆盖率超 20%，广泛应用于鞍钢、河钢、首钢、中信特钢、沙钢、马钢、山钢、酒钢等国内近百家企业，以及伊朗、越南、印尼等"一带一路"国家的钢铁企业。应用后，使铁水质量稳定性可提高 20%，冶炼效率提升 10%；单座高炉每年降低成本 2 400 万元，实现减少碳排放 20 000 吨。

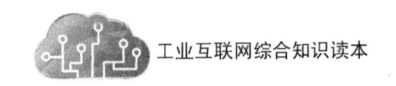

6.1.2　工业富联的实践案例——精密刀具智能管理

富士康工业互联网股份有限公司（简称工业富联）致力于为企业提供以自动化、网络化、平台化、大数据为基础的科技服务综合解决方案，引领传统制造向智能制造转型。并基于此，构建以云计算、大数据、物联网、人工智能、高速网络、移动终端和机器人为技术平台的"实体经济+数字经济"新生态，全力打造国际领先的跨行业、跨领域工业互联网平台。

1. 实践背景

依托（设备智能监控系统）Fii Cloud BEACON，富士康结合自身工业机理和经验的积累，以 IoT（物联网）实现设备互联，再通过远程监控、影像视觉检测、智能 AGV（自动导引运输车）运输、智能物料中转、智能送检等模块，建立自动化生产线。生产线还能根据客户的不同需求，自由组合拆分自设计与零组件、电子组件表面贴装、智能制造、智能测试，以及出货至终端客户等功能模块，输出个性化定制的工业机理生产要素，完成柔性自动化生产线的搭建。

2. 实施情况

1）富士康工业互联网平台总体架构

富士康工业互联网平台以产业链配置为核心开展资源优化匹配工作，为企业客户提供符合自身需求的多种产品及服务，包括各类实体产品、云化工业 App 以及场景解决方案等。面向中小企业全面开放"富士康 Fii Cloud 工业云"，促进智能制造推动工业企业提质增效、降成本和转型升级；面向制造业企业提供 Micro Cloud 专业工业云解决方案，企业无须购买服务器、数据存储、防火墙等，只须投入少量的管理工作，即可实现内部技术升级。富士康工业互联网平台总体架构如图 6-3 所示。

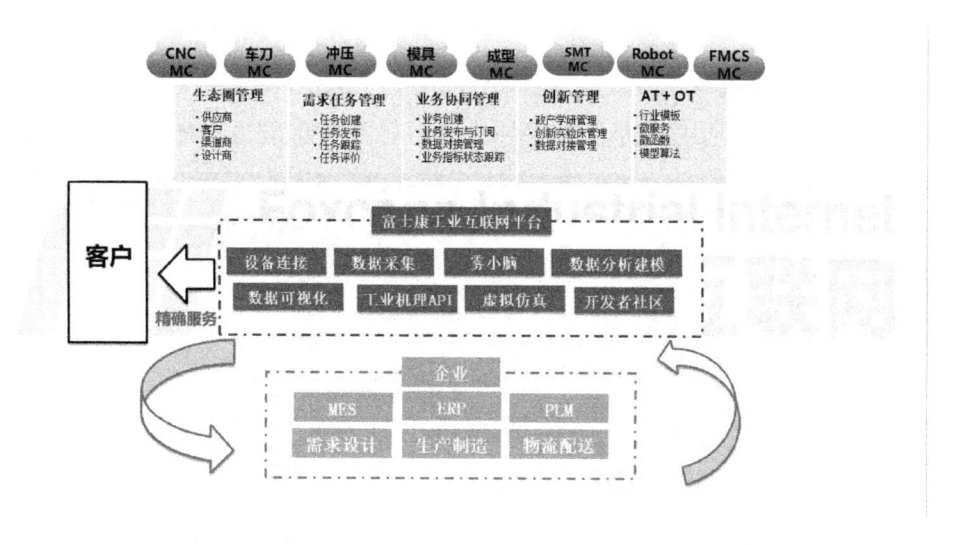

图 6-3　富士康工业互联网平台总体架构

2）主要内容及关键应用

（1）设备智能监控系统。设备智能监控系统 Fii Cloud BEACON 边缘运算平台 CorePro 赋能网关，依托各类设备和工业传感器的快速部署，通过 Edge Connect Web 和 App 标准化管理设备、采集软/硬件数据，打造了多用途自主网关分布采集方案，完成了数据的有效快速提取，解决了设备联网上云、设备智能管理与分析、多平台应用及数据互通等问题，为生产服务、生产执行、生产过程以及生产设计等环节提供了一整套数据采集处理场景解决方案，并将各类数据上传至富士康云进行大数据处理与分析，帮助人工智能（AI）进行学习与建模。目前，基于 Fii Cloud 的精密刀具加工数据日均采集频率达到 28 640 000 次，数据建模 99 种。

（2）刀具寿命管理系统。刀具寿命管理系统 Fii Cloud 通过大数据分析技术对电流、电压、振动等参数造成的变化规律,解决了传统生产工艺中刀具失效模式判定、传感器(Sensor)数据的获取、数据分析建模难等问题,从而对刀具失效进行提前预警,配合用户库存管理系统,有效减少产品的异常情况,使刀具使用寿命合理化,减少资源浪费,使资源利用率提升 30%以上。刀具寿命管理方案如图 6-4 所示。

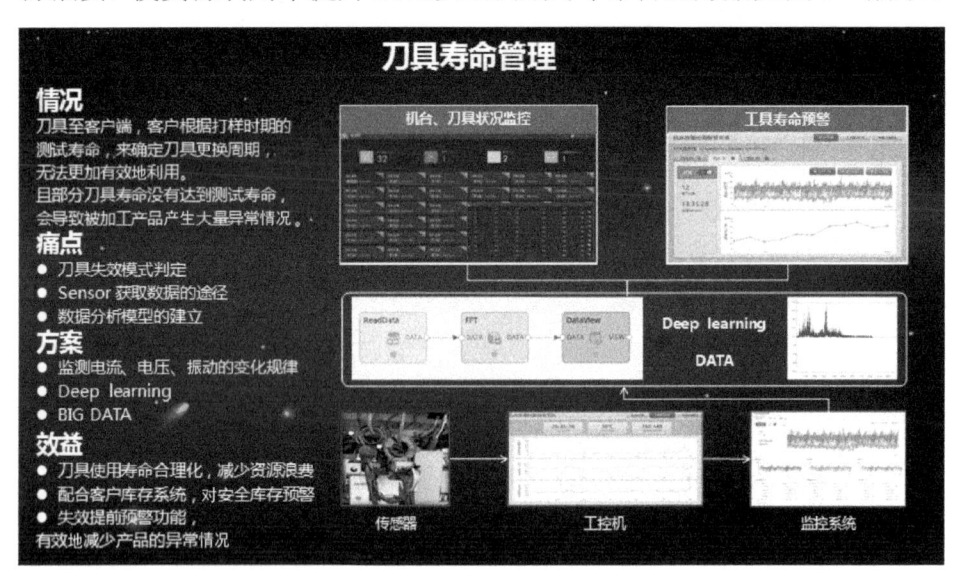

图 6-4 刀具寿命管理方案

(3)设备智能调机系统。设备智能调机系统收集量产补正数据,通过大数据处理分析建模(SWM、Random forest、Gradient boosting decision tree、XGboost)进行预测补正,解决了传统调机补正补偿时间长、超归补偿动作频繁、过度依赖人工经验等问题;智能预测刀具补偿时间和尺寸,提供尺寸超差报警功能,提供正能补偿方案,从而实现智能调机补正,节约人力并提高生产效率。

(4)设备故障预测系统。设备故障预测系统利用传感器采集刀具工作时的振动、电压、转速等数据,并且在边缘设备进行特征提取,以加速模型识别;接着选用 Keras、TensorFlow、CNTK 等主流神经网络框架作为后端，实现轻量级的快速开发，对输出状态进行编码，构建网络神经进行迭代训练；进而通过云计算实现持续训练和迭代，不断提高模型精度；最终通过可视化组件输出精准预测的计算结果。

（5）刀具砂轮专家系统。刀具砂轮专家系统通过分析砂轮的使用数据（砂轮品牌、力度）、砂轮品牌型号使用情况（磨耗、补偿频率、占比）可视化，以及对所使用的砂轮的最优粒度及规格进行指导，改变了刀具生产依靠人工选择砂轮品牌型号、砂轮使用周期、尺寸、表面粗糙度不稳定等情况。

3. 价值成效

Fii Cloud BEACON 边缘计算平台 CorePro 的部署使设备管理效率大幅提升，整体设备维保费用降低 15%，设备寿命延长 10%；整体设备非预期停机率降低 30% 至 40%，生产线的生产效率提升 10%。同时，帮助传统企业提高了数据统计分析的及时性、准确性，缩短开发周期 30% 以上；对可能出现的不良情况进行预警，产品直通率提升至 99.5%，资源综合利用率提升了 30%；降低了生产现场对人的依赖，减少现场操作人员 50%。

6.1.3 陕鼓动力与工业大数据创新中心的实践案例——设备远程智能运维

西安陕鼓动力股份有限公司（简称陕鼓动力）是陕西鼓风机（集团）有限公司的控股公司，该公司成立于 1999 年，主要产品有轴流压缩机、能量回收透平装置（TRT）、离心压缩机、离心鼓风机、通风机，共五大类 80 个系列近 2 000 个品种，是提供透平机械系统问题解决方案及系统服务的制造商、集成商和服务商，属于国内透平行业领军企业。

1. 实践背景

设备远程智能运维平台项目依托陕鼓动力 2006 年构建的远程在线监测体系，涵盖数据获取、数据管理、专业分析工具、设备故障诊断与设备检维修等服务技术，通过与北京工业大数据创新中心有限公司（以下简称工业大数据创新中心）合作，打造基于创新中心工业大数据平台产品（以下简称 KMX）的动力透平行业的公共服务平台，持续支持设备智能运维。项目具体目标包括以下 4 个方面。

（1）解决《离心压缩机运行与故障数据存储与管理标准》要求中的数据存储与管理。

（2）提供设备的电子档案及使其可视化，实现设备运行状态的实时监测、预警、故障诊断和大数据模型训练功能，同时以健康等级来提示设备状态的变化。

（3）解决空分机组备件缺货损失大、储备成本高、制造加工周期长、用户响应不及时等问题。

（4）量化用户历史及实时装置能效状况，识别可提升设备与改进方向。

2. 实施情况

1）陕鼓设备远程智能运维平台总体架构

陕鼓设备远程智能运维平台总体架构如图 6-5 所示。

KMX 平台：提供时序数据存储、结构化数据存储、对象存储等功能，并提供访问和数据接入的接口，为系统的开发提供了便利。接口采用 Swagger 进行接口的发布和管理。

展示层	前端整体框架 React	图形报表 Echarts+HightCharts	表格展示 Ag-Grid	接口展示 Swagger
业务逻辑层	业务逻辑 SpringBoot	权限控制 Shiro	日志管理 Log4j	缓存数据 EhCache

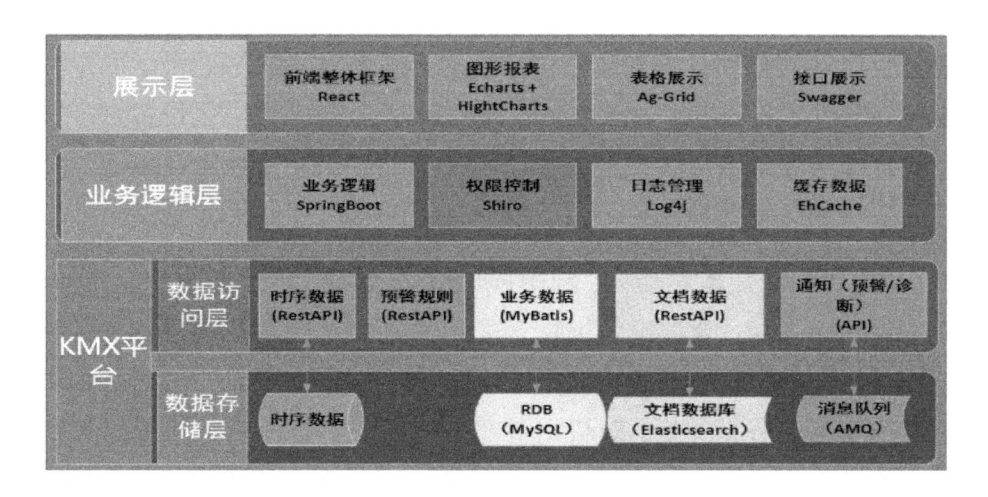

KMX平台	数据访问层	时序数据 (RestAPI)	预警规则 (RestAPI)	业务数据 (MyBatis)	文档数据 (RestAPI)	通知（预警/诊断）(API)
	数据存储层	时序数据		RDB (MySQL)	文档数据库 (Elasticsearch)	消息队列 (AMQ)

图 6-5　陕鼓设备远程智能运维平台总体架构

业务逻辑层：采用 SpringBoot+Shiro+Log4j 实现系统的业务逻辑编写和权限控制。

前端展示层：采用 React+Echarts+Highcharts+AG-Grid 实现界面的展示。

2）主要内容

（1）提供数据模型服务、数据管理、数据接入、数据分析、数据访问和系统管理等功能，解决应用系统的数据存储问题。

（2）提供设备的电子档案、设备的健康分析、可视化定制、数据模型定制和用户/角色管理等功能。

（3）提供实时数据监控、系统运行日志和专业图谱等功能，其中，专业图谱包括趋势图、波形频谱图、轴心轨迹图和伯德图等图谱工具。

3）关键应用

（1）离心压缩机数字化设备资产模型管理。按照《离心压缩机运行与故障数据存储和管理标准》中的数据要求，为离心压缩机运行与

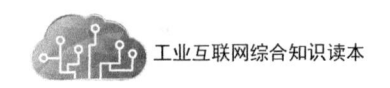

故障数据中的全部管理对象、对象属性、对象关系、基础资源的定义及存储与管理标准提供平台支撑，解决离心压缩机数字化设备资产模型的管理问题。该资产模型还可以应用于石油装备、风电设备等其他行业，实现跨行业应用。

（2）设备健康维护服务。利用现场海量设备运行数据及产品设计、加工数据库支持，陕鼓设备远程智能运维平台可向客户提供基于预知维修决策与数字化远程交互支持的设备健康维护服务。通过对远程机组运行状态的数据分析，对机组健康运行状态进行综合评价和量化分级，并结合数字化电子维修手册与专家数字化交互式可视系统，形成决策方案即时闭环信息链条；将方案修正与调整时间压缩至最低，为维修保养方案提供准确的选择依据和有效的指导，避免保养简单化、维修扩大化。

（3）关键备件共享服务。针对空分机组备件缺货损失大、储备成本高、制造加工周期长、用户响应不及时等问题，依托设备远程智能运维平台的分析结果，为客户提供基于多源信息分级优化的备件需求预测服务和面向备件库存、生产及运维协同保障服务的关键备件共享服务。一方面，通过科学的需求预测实现多用户共享备件，保证重大专用备件库存的合理存储；另一方面，通过生产运作多环节、多业务的协同组织，降低用户需求响应时间，提高工作效率，节约人力和物力成本，从而实现用户零等待服务，进而提升备件保障服务水平和用户满意度。

（4）能效分析、能效评估与能效优化提升服务。通过对工业设备、装置建立专业化的能效分析模型，通过云平台数据，量化用户历史及实时装置能效状况，识别可提升设备与改进方向。分析结果可以通过网络发布，可以以各种形式在客户端实时可视化访问，让决策者实时了解装置的运行状态；在能效分析的基础上，根据空分工艺流程的特点，为用户开展工业装置能效评估服务，能效实时数据通过与云平台数据内的标杆值进行对比，可以评价用户能源消耗状况、设备运行状态，还可以寻找能效差距，诊断能源使用问题，加速优化提升工作的开展。

3. 价值成效

借助设备远程智能运维平台，陕鼓动力提供专业的设备运营服务，为用户提高了经济效益。以唐钢与陕鼓动力进行战略合作为例，在唐钢 2 号 2 000m³ 高炉"湿改干"项目和 3 号高炉技改项目分别竣工投运后，依托专业的设备在线运营模式，唐钢年度新增发电量达到 6 600 余万千瓦时，直接经济效益达 3 700 余万元。

6.1.4 寄云科技与中国电子彩虹集团的实践案例——特种玻璃产品质量优化

彩虹集团是中国电子信息产业集团（CEC）的全资子公司，是国务院国资委直属的大型国有骨干企业，致力于光电子领域从材料到整机的研发、制造和销售，是中国第一只彩色显像管和第一块第五代液晶玻璃基板的诞生地。为提高产品质量，彩虹集团携手北京寄云鼎城科技有限公司（简称寄云科技），以寄云 NeuSeer 工业互联网平台为基础，开发了完整的数字化生产线和质量检测系统，打通了各系统之间的数据流程；对生产数据和业务数据进行分析，掌控产品的质量和工艺的情况，进而优化生产流程，节约生产成本，提高生产效率，实现"可视、可控、可智造、可预知"的目的。

1. 实践背景

彩虹集团（邵阳）特种玻璃有限公司生产的用作盖板的保护玻璃

是高铝硅超薄玻璃,在屏幕保护用玻璃行业属高端产品,具有很高的质量要求,废品率很高。其严格的质量管控要求,是传统的人工检查难以做到的。在寄云科技的协助下,彩虹集团(邵阳)特种玻璃有限公司开发了完整的数字化生产线和质量检测系统,在关键生产环节实现了实时数据采集和监控,并利用大数据分析,实现质量原因分析和实时的虚拟测量,真正实现了以产品质量为核心的工业互联网应用。

2. 实施情况

1)NeuSeer 工业互联网平台总体架构

彩虹集团(邵阳)特种玻璃有限公司的数字化生产线和质量检测系统项目基于寄云 NeuSeer 工业互联网平台,支持汇聚来自设备的海量传感器数据,包括来自 IT 系统的运营数据或第三方的数据。平台利用大数据、高级分析、机器学习和边缘计算等技术,通过预测性分析,改进运营效率,提高质量、产能和服务能力。工业大数据系统可以实现实时计算,具有灵活的时序数据查询和长期数据复杂分析预测能力。NeuSeer 工业互联网平台总体架构如图 6-6 所示。

为实现彩虹集团生产数据多地互联互通互动的长远规划,该平台通过跨云部署,实现车间数字化管控,完成生产数据的生命周期管理,完成集团级的数据资源共享、模型资源共享、应用资源共享、开发环境共享,以及平台集中管控。

2)主要内容及关键应用

(1)生产线数据采集。

① 针对现有智能装备数据,利用工业网关接口对控制系统的 PLC(可编程序控制器)端口数据提取。提取了包括掰板机器人、横切机、纵切机、称重设备等十几种设备的 PLC 数据。

② 针对 DCS（分布式控制系统）信息孤岛问题，利用 OPC 的方式进行数据的接入，采集热端的配方数据，进行产品质量的分析。

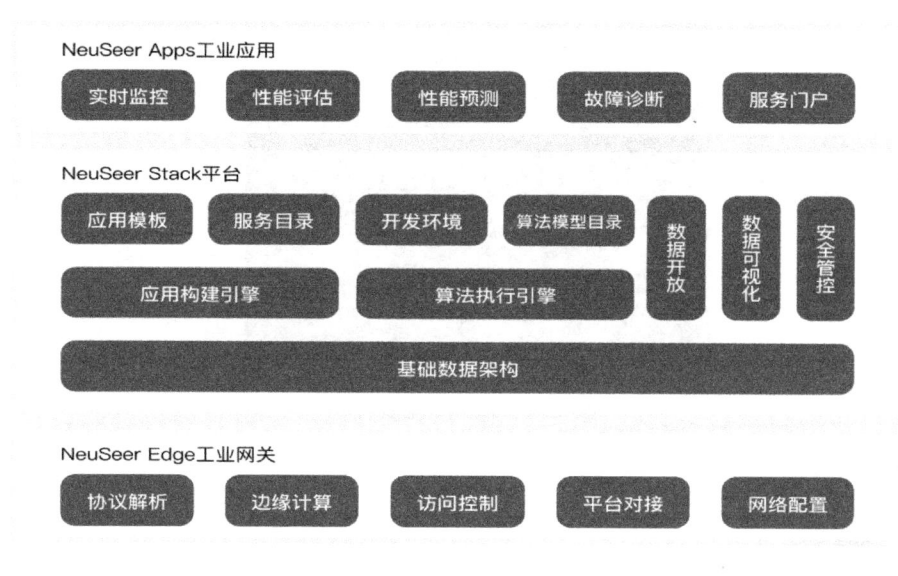

图 6-6　NeuSeer 工业互联网平台总体架构

（2）生产线实时监控（见图 6-7）。根据采集的数据，经过设备元数据管理的映射，实现 PLC 数据的实时展示和历史数据查询。同时，针对生产线的 3D 可视化需求，构建了相应的数字模型，并将传感器信号与 3D 模型进行映射。

（3）智能告警。基于所定义的各种静态和动态告警规则，系统可以在所采集的信号特征超过门限时告警，同时提供告警详情和诊断信息。

（4）质量问题的原因分析（见图 6-8）。基于寄云 NeuSeer 平台的工业大数据分析能力，开发了相关性分析和相似度搜索的大数据分析模型，针对翘曲、结石等常见质量问题，以质检结果为线索（"果"），而以 DCS 采集的其他 712 个传感器指标为对比项（"因"），在特定时间区域内搜索与数据库主键变化规律相似的特征，寻找潜在的质量原因。

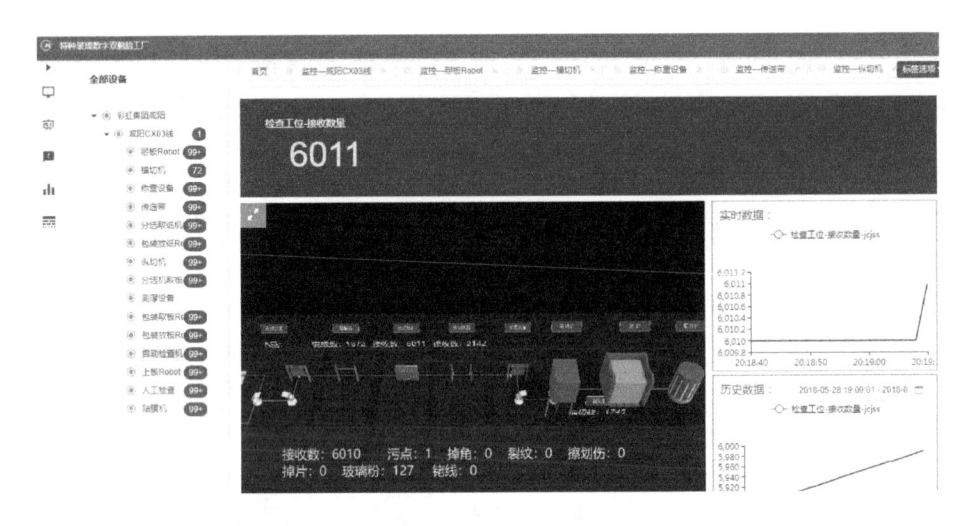

图 6-7　生产线实时监控

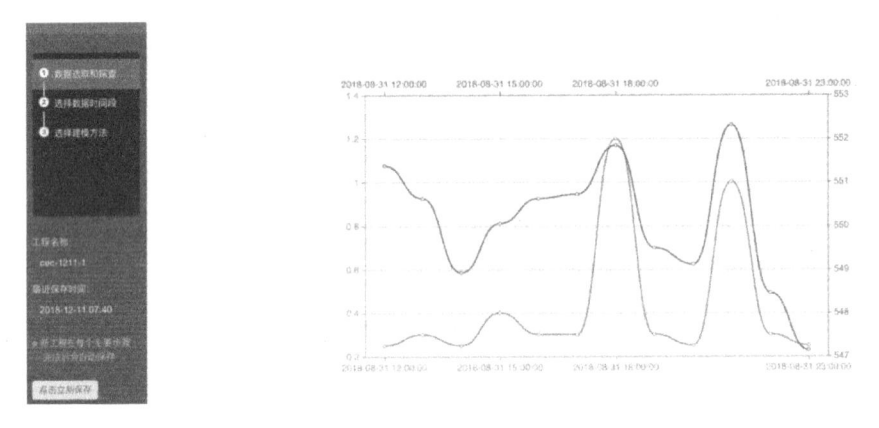

图 6-8　质量问题的原因分析

（5）基于大数据分析的虚拟测量。基于寄云 NeuSeer 平台的工业大数据分析能力，从 712 个传感器指标中，计算出每个传感器指标对质量问题（翘曲、结石等）的影响程度，并从中选择有较大影响的传感器指标，构建与质量结果匹配的回归模型，根据传感器指标预测最终产品质量的虚拟测量，能够有效地预测产品的质量问题，而不是在产品检验环节才发现问题。

（6）基于 SPC（统计过程控制）模型的质量检测和预警。SPC 是一种借助数理统计方法的过程控制工具，利用它对生产过程进行分析评价。根据反馈信息及时发现系统性质量影响因素，并采取措施消除其影响，使过程维持在仅受随机性因素影响的受控状态，以达到控制质量的目的。

对于须要重点关注的传感器指标（如特定的温度），为保证其工作在稳定的区间内，利用寄云 NeuSeer 平台提供的 SPC 模型，学习传感器指标在正常工作状态下的上下限（UCL/LCL），并设定相应的告警策略，一旦指标越界就产生相应的告警。

3. 价值成效

基于工业互联网平台大数据分析，使单条生产线运营成本降低 15%，非计划停机率降低 5%，综合良品率提升 1%～5%，全面提升企业的综合竞争力。

6.1.5　华能集团与太极股份的实践案例——能源设备管理

中国华能集团有限公司（简称华能集团）是经国务院批准成立的国有重要骨干企业，致力于建设以电力为核心，煤炭、交通、金融、科技、物流和能源相关服务业相互协同，国内国外协调发展的现代能源产业体系。太极计算机股份有限公司（简称太极股份）依托多年的行业知识、信息系统设计和工程建设经验，与华能集团合力打造 AIdustry 工业互联网平台，探索电力能源领域工业互联网应用实施路径。

1. 实践背景

流程型行业的管理具有高度的可靠性和数据安全性要求。华能集团与太极股份共同筹建了服务于流程型行业的 AIdustry 工业互联网

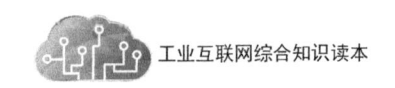

平台，涵盖电力、钢铁、化工等多个行业，为流程型行业的设备管理、安全生产、运行优化、经营管理提供分析诊断、智能运维、决策支持等服务，以提高工作效率和管理水平，降低经营成本，加强安全生产。

2. 实施情况

1）AIdustry 工业互联网平台总体架构

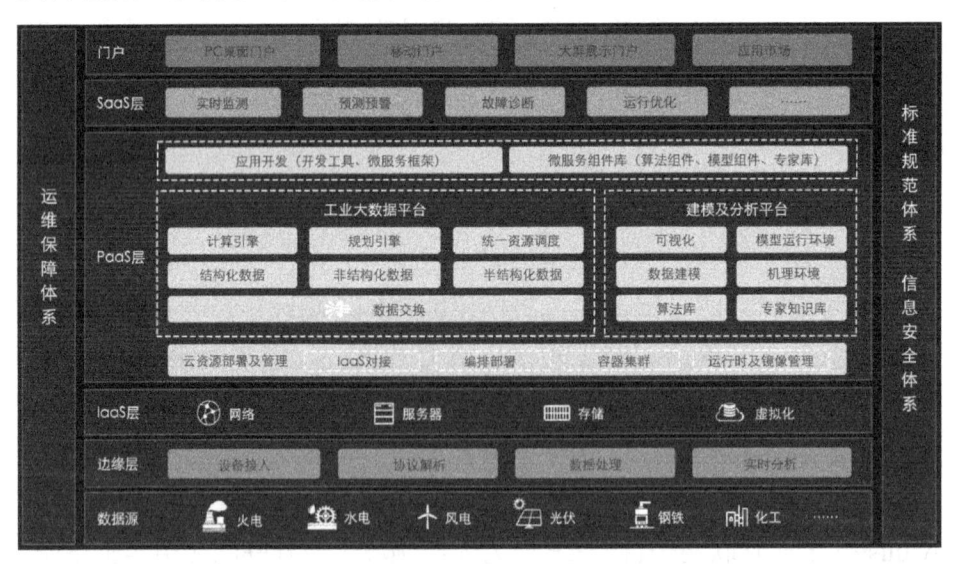

AIdustry 工业互联网平台总体架构如图 6-9 所示。AIdustry 工业互联网平台是面向流程型行业数字化、网络化、智能化需求，构建基于海量数据采集、汇聚、分析的服务体系，支撑资源泛在连接、弹性供给、高效配置的工业互联网平台。其总体架构包括边缘、平台、应用三大核心层级，以微应用的形式构建企业各类创新应用，最终形成资源富集、多方参与、合作共赢、协同演进的流程型工业生态。

图 6-9　AIdustry 工业互联网平台总体架构

2）主要内容

该平台的边缘层负责采集燃气轮机、发电机、变压器等各种生产设备的数据和 MES（制造执行系统）、SIS（安全仪表系统）等控制系统数据，以及管理系统的数据，并根据特定的传输协议，如 MQTT（消息队列遥测传输）等，上传到平台层。平台层基于海量数据和微服务组件库为用户提供技术服务和业务服务。平台应用层为不同维度的用户提供个性化应用，其中包括厂级的智慧生产、集团级的智慧经营管理和上下游企业的供应链协同功能。同时，支持新应用的测试发布以支持业务运营。平台安全策略涵盖了从底层网络、设备接入，到设备控制系统、数据安全、应用安全的各个层级，保障企业高效安全生产。

3）关键应用

（1）风机叶片结冰预测与诊断。长期以来，趋势预警、故障诊断和优化运行一直是流程型行业的技术痛点和难题，AIdustry 工业互联网平台采用人工智能技术和设备机理模型相结合的方式，创造性地解决了流程型工业企业生产的难题。例如，采用多种变量变换分类模型，对各个风机叶片结冰进行精确诊断，诊断准确率达到 93% 以上。风机叶片结冰预测结果如图 6-10 所示。

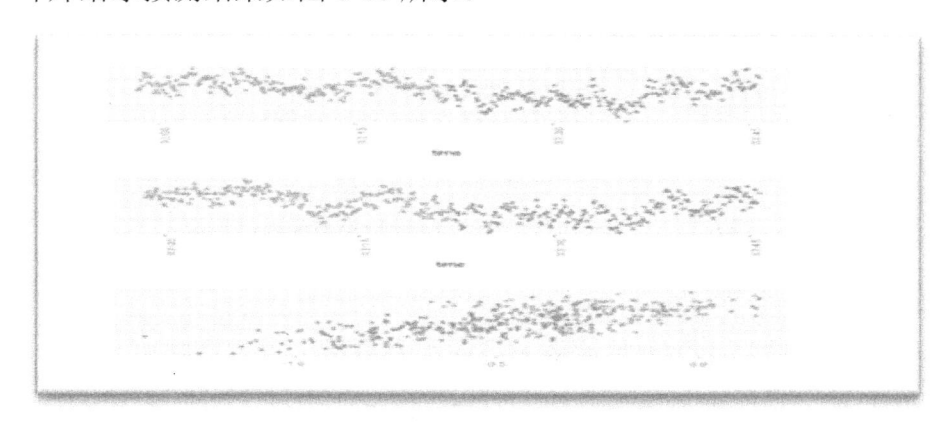

图 6-10　风机叶片结冰预测结果

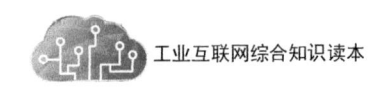

（2）风电设备故障预警与诊断。齿轮箱是风力发电设备的重要组成部件，对保证风力发电正常运行起着至关重要的作用。通过从多维度实现齿轮箱失效故障分类，明确齿轮箱的优化方向，并为齿轮箱失效建模提供依据。齿轮箱失效故障实时诊断模型使用过程如图 6-11 所示。

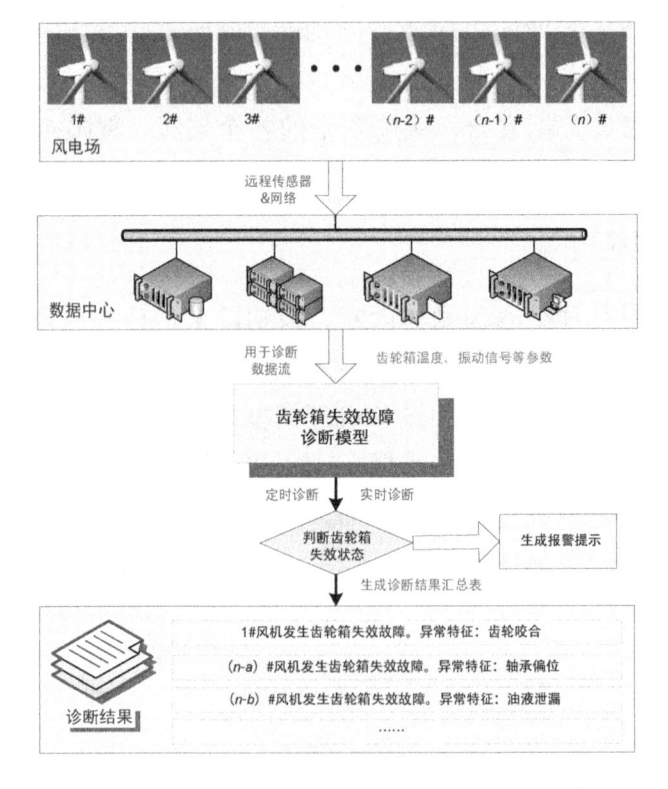

图 6-11　齿轮箱失效故障实时诊断模型使用过程

3. 价值成效

通过 AIdustry 工业互联网平台实现对设备进行实时监测、实时预警的目的，从而保证设备健康、安全、稳定地运行；提前感知设备故障，从而减少企业设备维护成本、检修成本，同时提高设备的使用年限。

6.1.6　华为实践案例——为垂直行业提供数字化转型"底座"

华为技术有限公司（简称华为）近年来大力布局工业互联网领域，凭借自身优势为垂直行业数字化转型赋能。

（1）提供领先的网络连接能力，华为在无线、以太网等领域的国内市场份额排第一位，并积极推动工业 TSN+OPC-UA 领域发展。

（2）基于 FusionPlant 平台为工业企业提供大数据、人工智能相关能力与服务。

（3）助力开源生态构建，在 Docker、Linux、K8、Spark 等关键领域是开源项目的发起者，代码贡献在国内外位列前茅。

深圳市汇川技术股份有限公司（简称汇川技术）是专门从事工业自动化和新能源相关产品的研发、生产和销售的国家高新技术企业。华为与汇川技术开展合作，基于华为 FusionPlant 平台赋能汇川工业云开发和部署。依托华为全栈全场景 AI 能力，联合大数据分析团队和汇川技术的行业知识专家合作共同开发了空压机运行优化等模型，平台的 PaaS 层支撑了工业 App 的快速开发。

1. 实践背景

空压机的作用是通过压缩空气提供动能，应用领域十分广泛。目前我国空压机存量约 120 万台，每年增量达 20 万台。空压机能耗巨大，是该设备使用企业面临的普遍痛点问题，在大多数工业企业中，压缩空气系统能耗约占企业总能耗的 10%~20%。其中一类比较普遍的损耗是压差损耗，即空压机输出压力大于实际需要的压力而导致的能耗损失。

空压机的输出压力基本上由现场技术人员根据实际经验进行设定，而且一旦设定，将较长时间保持不变，直到生产设备用气需求发生变化。一般说来，输出压力会大于实际使用所需的压力。例如，输出压力是 8 标准大气压（1 标准大气压=1.013×10^5Pa），而实际使用压力只需输出 6 标准大气压。如果根据实际需求，将输出压力设定为 6 标准大气压，将节省 25%的电力。

2. 实施情况

1）空压机管理平台总体架构

空压机管理平台总体架构如图 6-12 所示。基于工业互联网实现空压机设备联网与数据采集、传输汇总至汇川技术的空压机管理平台（架设在华为 FusionPlant 平台）上，实现空压机进气、排气、输气、用气的全程监控。通过分析大量历史数据并结合空压机运行规律，构建用气模型，基于强化学习，精确设定合理的排气压力，从而实现减少压差损耗。

2）主要内容

首先，通过部署控制器、加装压力传感器和流量计，实现空压机多种数据的采集（进/排气温度、进/排气压力、电机转速等），所有数据参数通过运营商网络进行回传。其次，数据汇聚到空压机管理平台后，利用 FusionPlant 平台提供的大数据管理能力，对数据进行预处理。最后，基于 FusionPlant 平台提供的机器学习算法服务，对企业用气规律进行建模，进而结合实际条件与需求精确设定实时排气压力，降低压差损耗。现场部署场景如图 6-13 所示。

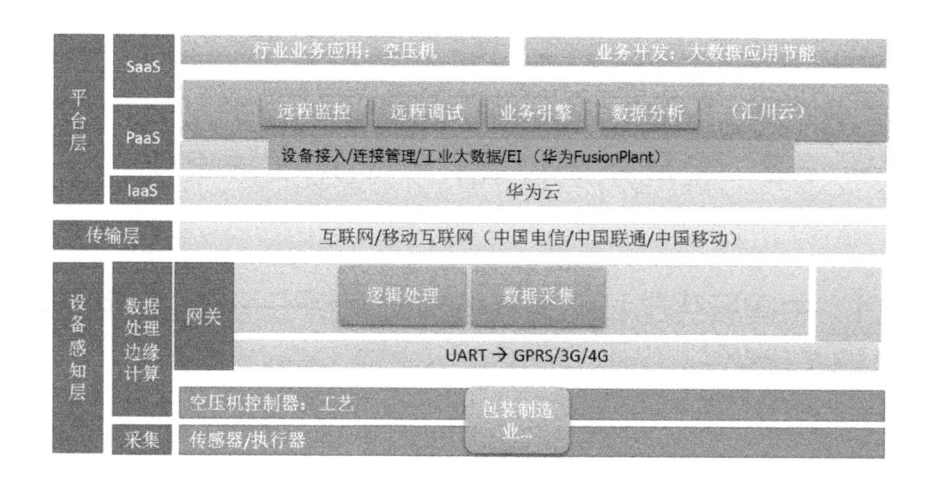

图 6-12　空压机管理平台总体架构

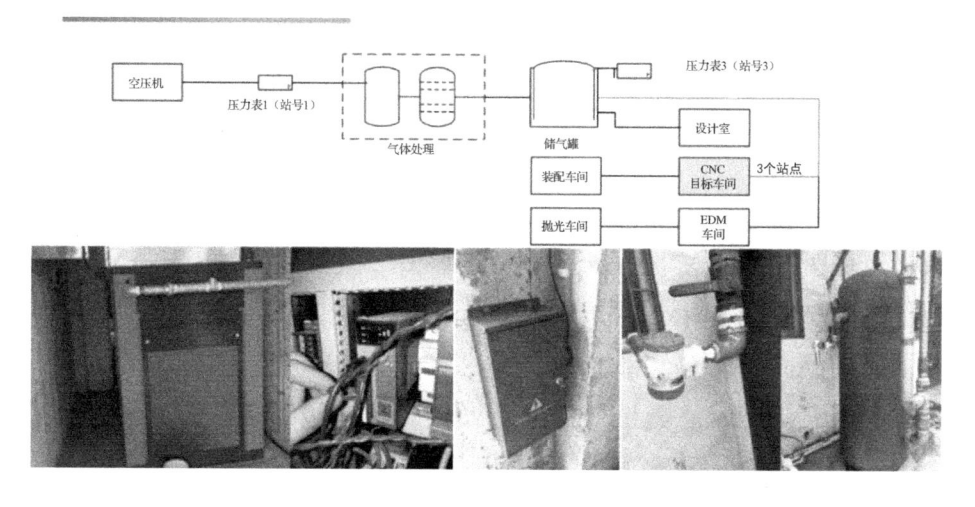

图 6-13　现场部署场景

3. 价值成效

根据现场实测，节能效果达到 5%左右在东莞万德电子制品有限公司进行了实地应用，预计年节省电费 40 万元左右。

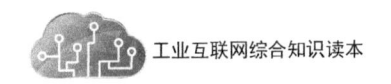

6.2 全局系统性优化类应用实践案例

6.2.1 中国石化与石化盈科的实践案例——从生产到营销的全链条优化

中国石油化工集团有限公司（简称中石化）是1998年7月国家在原中国石油化工总公司基础上重组成立的特大型石油石化企业集团，总部设在北京。该公司主要经营油气勘探开发、炼油生产经营、化工生产经营、产品营销服务、国际化经营和石油技术服务等业务。经过数十年的发展，中国石化产业的规模、产量和能力都有了大幅度的提升，在2017年《财富》世界500强企业中排名第3位。近些年，中国石化在智能制造和工业互联网领域长期探索，以其子公司石化盈科信息技术有限公司（简称石化盈科）为主体，联合国内的一些高等院校以及领先的ICT（信息和通信技术）企业，打造了中国石化自己的工业物联网平台和智能制造平台，使企业的数字化、网络化和智能化水平不断提升，有效地促进了企业的转型升级和提质增效。

1. 实践背景

尽管中国石化工业化水平在规模上已经跻身世界前列，但目前还存在一些问题，例如，炼油装置开工率仅为72%，产能过剩；通用产品所占比例较高，高端产品自给率不足；能耗、物耗较高，安全环保压力较大，生产成本较高等。此外，新一轮的ICT革命、能源革命以及电动汽车革命发展引人注目，中国的电动汽车保有量正在不断攀升，新能源汽车异军突起，给中国石化带来了严峻挑战。为此，2016

年，中国石化开始建设 ProMACE 工业互联网平台，助力石油和化工行业全产业链自主可控，成为支撑流程型智慧企业的研发设计、生产制造、供应链管理、营销服务各个业务环节的核心载体。ProMACE 工业互联网平台可提供智能工厂、智能油气田、智能物流、智能服务站、智能研究院、数字化工程等解决方案，满足行业内不同类型企业的需求。

2. 实施情况

1）ProMACE 工业互联网平台总体架构

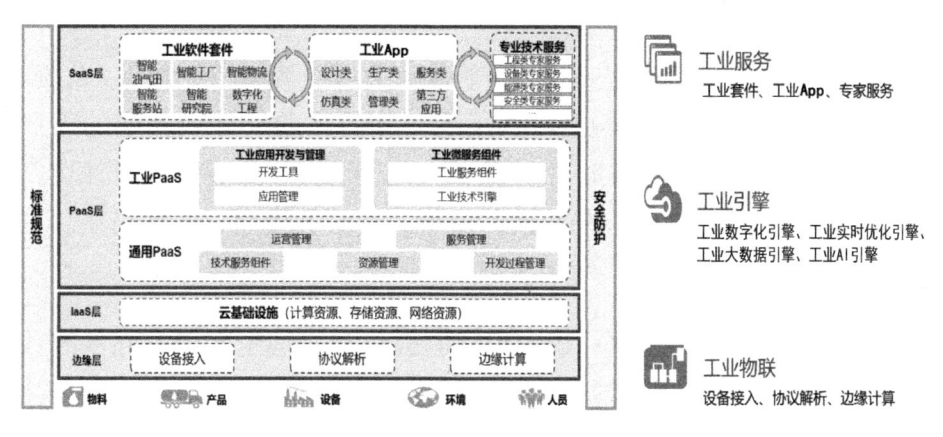

ProMACE 工业互联网平台总体架构如图 6-14 所示。ProMACE 工业互联网平台包括安全可控的工业物联网、开放智能的工业云平台、融入最佳实践的工业软件套件和工业 App、基于行业经验的专业技术服务、标准与安全体系。支撑智能工厂、智能油气田、智能物流、智能服务站、智能研究院、数字化工程等解决方案。ProMACE 工业互联网平台能够支持私有云、公有云、混合云的灵活部署，提供统一架构、统一服务，以及无缝对接实现互联互通的云服务。

图 6-14 ProMACE 工业互联网平台总体架构

ProMACE 工业互联网平台承载了对物理工厂的模型化描述功能。从流程型行业的角度，主要对以下 3 个方面进行描述：

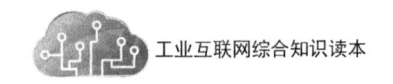

（1）对工厂资产的描述，通过工厂模型、三维模型等进行刻画。

（2）对过程的描述，通过机理模型进行刻画。

（3）各类数据汇聚形成大数据模型，随着数据更新获得自学习能力。利用 ProMACE 中的模型和数据，通过优化与控制，实现了计算进程与物理进程的交互，打造了流程型行业的 CPS（信息物理系统），支撑了生产管控、供应链管理和资产全生命周期管理 3 条业务主线，并形成了新一代生产运营模式。

2）主要内容及关键应用

在设备物联方面，实现了融合通信、数据管理、边缘计算、终端接入。可支持厂内智能仪表、智能穿戴装备以及新型传感器等的接入与管控；支持企业现有各类音/视频系统的互联互通，满足融合通信需求；支持百万级连接和设备管理，支持符合 IEEE 802.X、PLC、ModBus、RFID、ZigBee、RS-232、RS-485、CAN 等 200 多个石化行业常用协议设备的接入。

在工业数据分析应用方面，该平台向下可以调用生产设备、系统、生产线等海量的资源，向上可以承载云化的工业软件或新型的工业 App。通过微服务的架构把工业技术、工艺经验等工业知识组件化、封装化、软件化成一个一个的组件模型、微服务模型、软件模型。具体如下。

（1）工业数字化引擎：在虚拟空间提供与物理空间保持同步的数字模型，提供工厂本体数据治理、统一数据模型构建、多维可视化交互的工具。

（2）工业实时优化引擎：建立企业实时总线和实时计算框架，捕获来自生产现场的事件信息，沉淀了覆盖集团、板块、子工厂、产品链、装置各个层级的优化模型与测算案例。

（3）工业大数据引擎：具有大规模数据存储、实时计算、高速并行计算等能力，围绕生产运行、工艺分析、设备健康领域，提供专业算法和业务组件。

（4）工业 AI 引擎：提供具有行业特色的图像分析、视频分析服务，支撑厂区安防、火灾识别、外观检测等专业应用。

在工业 App 方面，ProMACE 工业互联网平台面向石油和化工行业，提供融合了智能工厂、智能油气田、智能物流、智能服务站、智能研究院、数字化工程等最佳实践的工业核心 App。

3. 价值成效

在建设"智能工厂 1.0"的过程中，特别是随后向"智能工厂 2.0"提升的过程中，ProMACE 工业互联网平台提供的解决方案为中国石化各个方面都带来了重大改变：

（1）生产操作协同联动。率先在炼化企业建成了工业 4G 无线网，实现了智能巡检和内外操作协同，提高了现场处置效率，操作平稳率也提高 5.3%，操作合格率从 90.7% 提升至 99%。

（2）基于大数据的报警和预警模型，利用催化装置的历史数据分析和挖掘该装置的报警规律，形成知识库并建立预警模型，将关键报警信息提前了 1~2 分钟预警，为操作人员及时采取措施、规避生产风险争取了宝贵时间。

（3）计划调度协同优化。综合利用机理建模技术与优化算法，通过计划、调度和操作的协同优化，实现了生产全过程效益最大化，试点企业年综合增效 10 亿元以上。

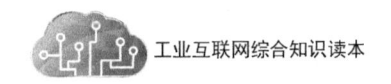

（4）数字化物资仓库管理效率提高，试点企业应用物联网技术实现库存物资实时盘点和智能配送，提高了物资管理效率，年减少库存占用资金 5000 余万元。

（5）在设备健康和可靠性管理方面，利用大数据分析技术对设备运行状态进行评估以及智能诊断，实现设备预知性维修，减少了非计划停工次数。

（6）能流在线优化。建成了全厂蒸汽动力产生、输出的优化模型，优化了锅炉、汽轮机和换热器等设备的操作，促进了节能减排和降本增效，企业年节约能源成本 700 万元以上。

（7）安全生产。建立油气井地下、井筒、地面一体化动态模型，实现油气井的超前诊断和智能优化，提高单井的运行效率、操作人员的应急反应能力和实时决策能力。每年减少停井事故 5 起，应急反应能力提高 10%。

6.2.2　宝信软件的实践案例——钢铁供应链上下游企业协同

上海宝信软件股份有限公司（简称宝信软件）是宝山钢铁股份有限公司（简称宝钢股份）控股的上市软件企业，产品与服务涉及冶金、石化、电力、医疗卫生、信息化等多个领域。宝信软件把数字技术与其在冶金、石化、电力等领域的专业优势结合，于 2017 年正式发布宝信工业互联网平台——钢铁上下游企业协同系统，实现企业内部信息流、资金流和物流的集成和融合。

1. 实践背景

作为多个行业工业原材料的重要提供商，钢铁企业正在或者已经与多个下游重点客户实现基于价值共享的横向集成。这一举措突显出商业模式上的巨大创新，形成了基于工业互联的集成客户制造工程。随着工业互联网技术的发展，钢铁企业已从传统的产定销模式转变为销定产模式，提高了钢铁产业链整体协同制造效率，实现即时生产的基础条件。

2. 实施情况

1）宝信工业互联网平台总体架构

钢铁供应链上下游企业协同系统如图 6-15 所示。

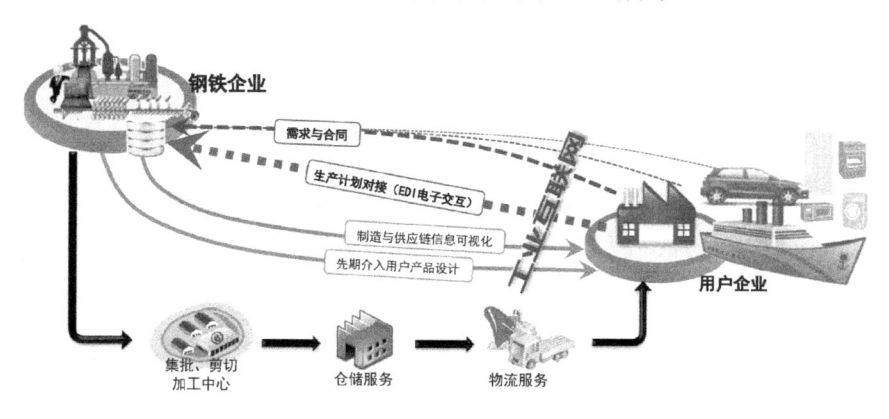

图 6-15 钢铁供应链上下游企业协同系统

（1）对重点客户实行全程管理，分段周期精细化，覆盖订货、制造、发货、在途、仓储及加工配送全过程。

（2）对供应链库存实行动态监控和多级预警响应，通过移动互联将供应链库存变化和多级预警及其应对建议推送至相关方。

（3）打破传统客户按月订交货的模式，按客户需求进行拉动式订货管理。

（4）通过提前了解客户连续生产计划及后续用钢需求，结合厂内生产组织优化限制，合理安排订单集批节奏。

（5）在厂内按周交货，保障全程库存/周期管控的前提下，实现供应链全程低库存、短周期、高效率的滚动供货和快速响应，保证客户供料。

2）主要内容

利用EDI（电子数据交换）技术、高级计划排程技术、智能化数据采集与物联网络传输以及移动应用技术，实现用户需求与钢铁企业生产系统的对接，以及钢铁企业生产订单兑现的进程及时反馈给用户。关键技术如下：

（1）基于制造云平台技术，设计和构建多层次、跨平台的大规模异构计算机协同制造系统。

（2）研发供应链计划的协同技术，实现钢厂与下游重点客户企业间订单、质量设计、材料设计、生产计划、物流信息的贯通对接，以客户需求计划直接驱动钢铁企业制造、物流过程。

（3）利用AI（人工智能）技术，形成高级智能排产、组批、剪切模型，提高材料使用效率。

（4）广泛采用标识自动化配置和识别技术，实现物料配送与产品的定位、跟踪、控制等功能，并实现精准的物流调度和配送。

（5）产品质保书（产品质量保证书）的电子化管理。钢铁企业生产产品的认证体系数据、钢铁企业与客户间的数据互联互通，通过机密机制实现客户自助式对产品质保书的打印，规范钢铁企业与客户的产品编码体系，实现产品全生命周期追踪。

3）关键应用

在宝钢与下游汽车整车企业的全程供应链协同案例中，基于宝钢制造单元内部按周交货、合同全程跟踪管理，以及渠道公司和汽车板销售部服务客户、预测需求、组织订货、断点及库存管理的能力，使汽车客户进行需求拉动及全程周期管理，从而实现分散业务链的高效集成和快速互动响应；从制造到客户端的全程供应链合同按需交付，全供应链的周期压缩，库存降低，全供应链信息实时共享和可视化。

（1）智能订货预测。包括产品设计协同、生产计划协同和需求自动预测的生成。

产品设计协同：跟踪管理汽车及家电大客户的所有产品信息，按照客户管理模式，建立产品信息库和相应的零部件清单模块的基础数据库；通过产品设计协同，建立汽车车型、家电产品的BOM（物料清单）表。

生产计划协同：对汽车及家电客户不同时期发布的产量计划按版本进行管理。依据客户来年的生产状况，建立每个汽车及家电厂的年度产量计划档案；在月度订货阶段，比较年度计划以及最新计划之间的差异然后生成钢材的采购规模和采购结构；根据客户月度实际产量，制订钢材库存计划；对客户新产品的量产计划，提前做好供货的各项准备。

需求自动预测：对于实施供应商管理的钢铁企业，实现对客户月度用钢需求量的准确预测，以及保证较高的实际订货满足率，是保证客户正常稳定生产的首要条件。为此，须要建立高效可靠的用钢量需求预测模型，并结合客户定期发布的生产计划，得出最终的预测结果。然后，根据结果进行企业生产计划的编排和对理论订货量等进行计算。

（2）智能配送。按照客户的需求自动生成物流配送计划，并可实现各个关键业务节点的全过程监控预警，使物料能够以最合适的时间、最准确的数量交付到客户的制造车间。

（3）预警处置。

原料断料预警：实时获取车型所有的库存信息，包括原卷库存和成品库存等，结合车型产量计划，自动计算出断料日期；自动查询其对应的合同进程信息，便于进行催货，或者推送可用于替代的材料信息。

成品断料预警：根据客户的要货计划，结合目前的成品库存量及物流运输时间，自动测算出成品断料的时间，并进行分级预警。对于发生警报的零件，会自动安排加工中心的生产计划进行补料，并实时监控工厂生产情况。

（4）移动可视化。面向承运商，采用手机移动终端、PDA（手持终端）扫码器等移动式设备，把运输过程分阶段、分模块、分角色进行分析，从事后管理向过程管理转变；进行大数据收集、分析，并能把跟踪发现的运输过程中的质量、安全、系统存在的问题实时快速地解决，保障运输过程顺利。

面向物流计划人员，通过移动式智能终端，向客户提供便捷的物流（产成品）信息获取窗口，使客户能够减少物流信息获取环节、避免信息流转过程中发生滞后问题、及时掌握最新物流事件，提升服务重点客户的能力，提高客户满意度。

3. 价值成效

加速产成品物流产业的发展，将仓储、运输、信息服务等多功能一体化，打破运输、仓储承运商的限制，协调仓储、运输间的利益，通过移动化、可视化等手段，实现集约化高效经营，优化运输物流资源配置，发挥整体优势和规模优势，实现承运商、仓储方、钢铁企业的现代化、专业化和互补性。

6.2.3 用友与天瑞水泥的实践案例——基于平台提升运营管控水平

天瑞集团股份有限公司（简称天瑞集团）始创于 1982 年，经过三十余年的发展，已成为集旅游、水泥、铸造、互联网物流为主体的股份制企业集团，是中国制造业 500 强企业。天瑞集团水泥有限公司（简称天瑞水泥）是国家重点支持的前三家水泥企业（集团）之一，是工信部重点支持兼并重组的五大水泥企业之一，现有 32 家水泥企业遍布河南、辽宁、天津等省市。

用友网络科技股份有限公司（简称用友）具有 5 年以上的关于工业 PaaS 云平台、企业云服务、智能制造业务创新实践，以及 30 年的企业软件研发经验积累，基于连接、协同、共享的理念，打造友用精智工业互联网平台，旨在推动企业数字化转型和制造业与互联网深度融合发展。

1. 实践背景

面向水泥制造行业，覆盖企业经营管理、业务交易、生产过程管理、售后运行维护管理、供应链协同管理等领域需求，通过攻克边缘计算技术、泛在感知技术、异构数据融合技术、微服务池构建技术、工业 App 敏捷开发技术等关键技术，研发新一代面向水泥行业的工业互联网平台。

2. 实施情况

1）用友精智工业互联网平台总体架构

用友精智工业互联网平台总体架构如图 6-16 所示。

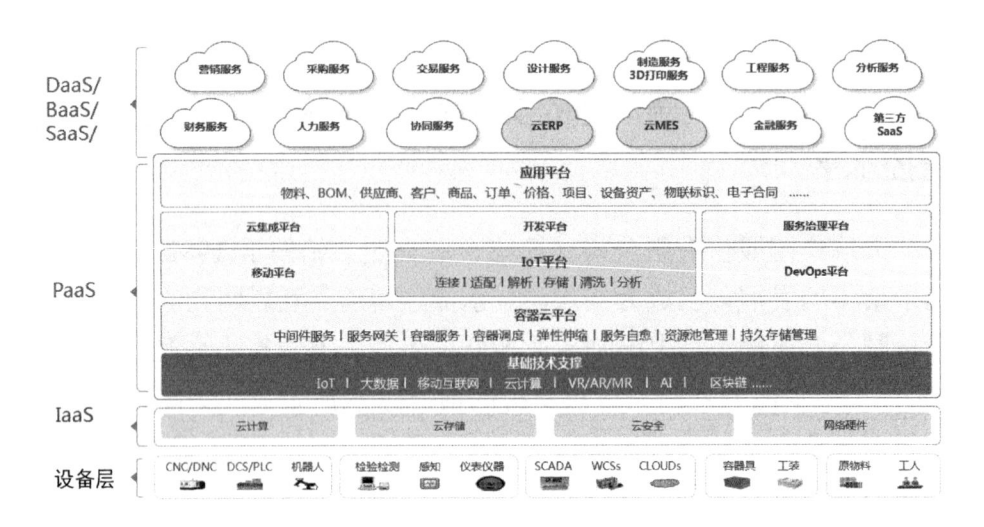

图 6-16　用友精智工业互联网平台总体架构

设备层：通过各种通信手段接入各种控制系统、数字化产品和设备、物料等，采集海量数据。

IaaS 层：云基础设施层。基于虚拟化、分布式存储、并行计算、负载均衡等技术，实现网络、计算、存储等计算机资源的池化管理，根据需求进行弹性分配，并确保资源的安全与隔离使用，为客户提供完善的云基础设施服务。用友精智工业互联网平台主要与 IaaS 提供商华为、阿里等合作。

PaaS 层：由基础技术支撑平台、容器云平台、工业物联网平台、应用开发平台、移动平台、云集成平台、服务治理平台以及 DevOps 平台等组成。在基础设施、数据库、中间件、服务框架、协议、表示层，平台支持开放协议与行业标准，具有广泛的开放性，适配不同 IaaS 平台，建设丰富的工业 PaaS 业务功能组件，包括通用类业务功能组件、工具类业务功能组件、面向工业场景类业务功能组件。

SaaS/BaaS/DaaS 层：基于四级数据模型建模，保证社会级、产业链级、企业级和组织级的统一以及多级映射，提供大量基于 PaaS 平台开发的 SaaS/BaaS/DaaS 应用服务，应用覆盖交易、物流、金融、采购、营销、财务、设备、设计、加工、制造、3D 打印服务、数据分析、决策支撑等生产链全要素，为工业互联网生态体系中的成员企业提供各种应用服务。

2）主要内容及关键应用

（1）构建营销服务平台（水泥商城），连接经销商和客户。工业互联网的重要特点之一是连接经销商和客户。天瑞集团建设了经销商服务平台，经销商可以通过手机端下单、提出订单要求、对账、查看质保书。企业端可以接收和审核订单，与经销商交互留底，查看库存及授信，上传质保书。审批后可以形成用友 NC 系统上的正式订单，并与生产现场对接，提高了销售速度和服务质量。

（2）构建采购服务平台，连接供应商。通过采购云平台，将天瑞集团所有成员企业与所有供应商连接在一起。采购云是部署在公有云上的企业采购平台，包括电子采购门户、买家、卖家、平台信息发布、供应商准予与评估等。供应商登录平台后，通过云平台参与采购需求处理、寻源、采购执行、信息交流等业务。云采购平台支持与 ERP（企业资源计划）的无缝连接，可以连接到全球供应商网络资源，让企业一键寻遍全球，有效地扩大寻源范围，充分竞价，获取更低价的供应资源。

（3）提供无人值守的智能物流服务。无人值守的智能物流系统基于车辆进出厂状况，利用信息、自动化、网络及视频等技术，建立起一套科学、高效的车辆发卡、进/出厂、视频监控及远程集中计量的管理及控制系统。通过软件在企业内部组成物联网，利用软件与硬件相结合的方式（软件负责逻辑与判断，硬件负责感知与控制），使正常业务自动完成，异常场景由人为干预审批与核查，实现工厂物流的完美收/发货体验。

（4）构建基于实时数据库的物联平台，实现制造过程透明化。通过实时数据库，和 DCS 系统实现无缝连接，建立系统和上万台生产设备的连接，实现实时自动采集、智能监控与智能分析的集中调度管理，节能降耗效果显著。天瑞实时生产监控系统如图 6-17 所示。

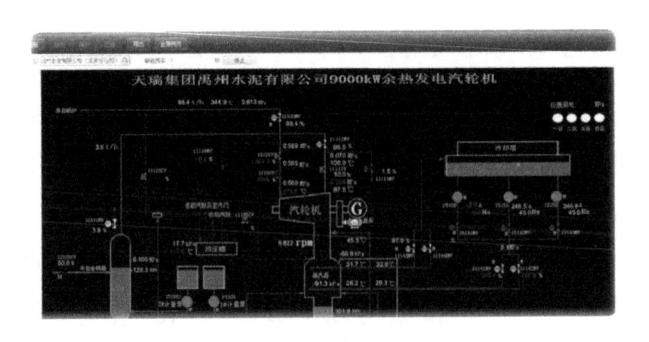

图 6-17　天瑞实时生产监控系统

3. 价值成效

在采购方面，流程成本下降 70%、节约 8%，每年采购成本降低 6 000 万元；在生产方面，用煤及用电消耗减少 3%～5%，节约成本超过 2 亿元；通过无人值守磅房改造，减少磅房工作人员 36 人，年节约成本 500 万元。

6.3　网络协同类应用实践案例

6.3.1　航天云网的实践案例——云制造助力数字化转型升级

中国航天科工前身为 1956 年 10 月成立的国防部第五研究院，2017 年 11 月更名为中国航天科工集团有限公司（简称航天科工），在防空导弹武器系统、飞航导弹武器系统、固体运载火箭及空间技术产品等技术开发与研制生产方面处于国内领先地位，部分专业技术达到国际先进水平，多次完成载人航天、月球探测等多个国家重大航天工程任务。

航天科工依托完整雄厚的航天工业体系和新一代信息技术领域的尖端技术优势，组建了航天云网科技发展有限责任公司（简称航天云网），打造航天云网（INDICS+CMSS）工业互联网平台，面向社会企业提供云制造服务，全面支撑航天科工向数字化、网络化、智能化转型发展。

1. 实践背景

航天云网面向航天领域复杂产品研制内在需求，依托中国航天科工在先进制造业和信息技术产业的雄厚实力，打造航天云网工业互联网平台。航天云网采用 INDICS+CMSS（工业互联网空间 Industrial Internet Cloud Space+云制造支持系统 Cloud Manufacturing Support System）搭配，目标是构建以工业互联网为基础的云制造产业集群生态，建立"信息互通、资源共享、能力协同、开放合作、互利共赢"的工业互联网生态系统。

2. 实施情况

1）INDICS+CMSS 工业互联网平台总体架构

INDICS 平台提供开放统一的基础云平台环境（网间网平台层、人工智能与专家系统层、数据解析层），在其基础上开展产业平台和行业平台建设。应用平台层（CMSS）以智慧研发、精益制造、智慧管控和智能服务为代表，提供工业应用平台服务，App 及终端应用层通过"一脑一仓两室两站一淘金"和企业门户，为终端用户提供 App 应用服务。同时信息安全域（对应 INDICS 安全体系）、数据采集域

（对应 INDICS IIOT 层），为基础云平台和行业/产业云平台提供安全保障和数据支撑。NDICS+CMSS 工业互联网平台总体架构如图 6-18 所示。

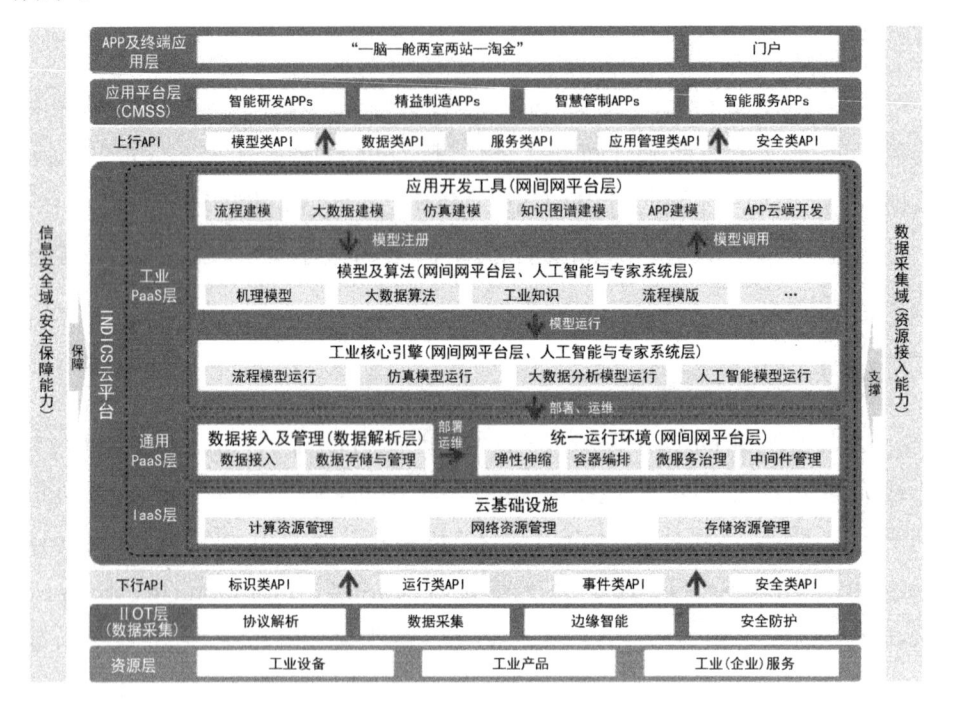

图 6-18 NDICS+CMSS 工业互联网平台总体架构

2）主要内容与关键应用

（1）智能工厂。电子元器件行业产品大多是通过多品种小批量的个性化定制模式生产出来的，具有产品研制周期长、高质量要求、高可靠性要求、外协外购配套关系复杂等特点。航天云网在电子元器件企业内部搭建了专有 INDICS 平台，实施云端资源协同平台 CRP、云端设计工艺协同平台 CPDM、制造运营分析系统 CMOM、VR/AR 虚拟工厂，开展基于 INDICS 平台的云制造应用，建立由数据驱动的连接客户、供应商的价值链生态系统，打通需求订单-资源协同、优化排程-协同研发-智能生产-智能服务的数据链路；搭建由数据驱动的小批量多品种柔性生产模式，提高与客户、供应商的协作效率，提高供应链质量，降低运营成本。基于 INDICS 的云制造示意如图 6-19 所示。

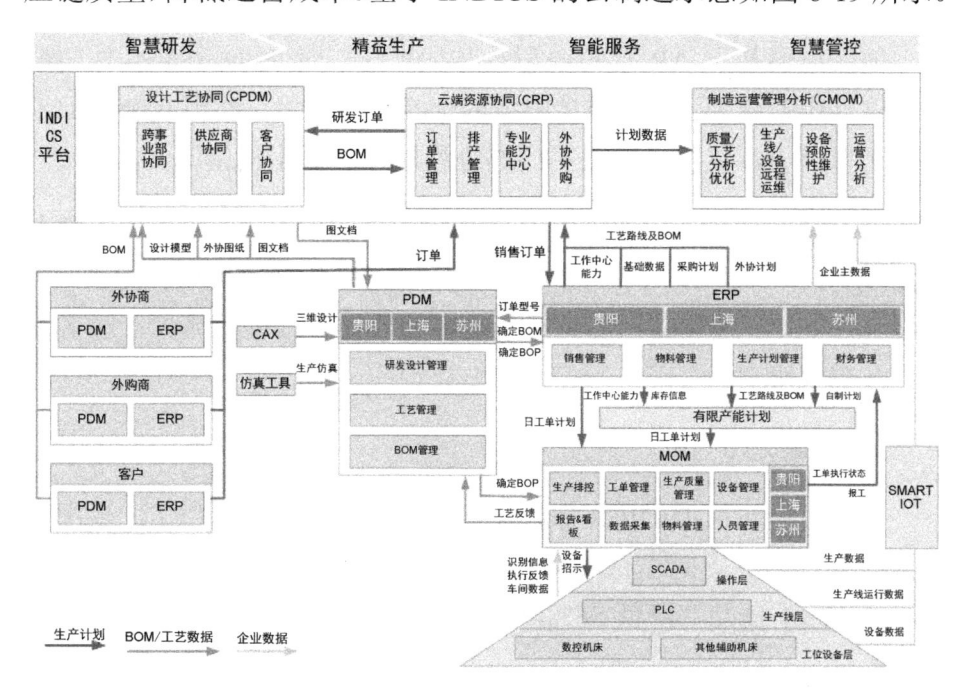

图 6-19 基于 INDICS 的云制造示意

（2）异构制造服务接入和协同管理。依托 INDICS+CMSS 平台，贵州航天电器股份有限公司（简称航天电器）在 J599 车间实施有限产能计划排产系统，实现基于有限产能、企业资源的车间级生产排程优化，为提高企业资源利用率和生产效率提供优化算法及工具。

智慧海派科技有限公司（简称智慧海派）将生产基地设备接入 INDICS 平台，实时跟踪监控基地的生产能力、生产设备状态，实现关键设备远程运维和监控。同时，构建包括品牌用户、物资供应商、外协商等全产业链集成系统，实现 5 个生产基地资源共享。

（3）数字化建模与优化。依托 INDICS+CMSS 工业互联网平台，对离散型制造行业生产线进行虚拟仿真，已经在河南航天液压气动技术有限公司（简称航天液压）和航天电器样板间得到了应用。

航天电器基于 AR 虚拟映射的装配指导，对 J599 外壳合件装配部分进行虚拟建模，通过 AR 眼镜的虚实结合技术，实现复杂装配工序的虚拟指导，提高了新员工的熟练程度，降低了出错率。

航天液压虚拟工厂建立数字化车间的总体模型、工艺流程模型和布局模型，对车间和产品的生产流程实现三维动态的仿真。虚拟工厂通过与 MES 系统集成，实时展示设备的数据和订单的流程，服务管理者及授权用户。

3. 价值成效

航天电器应用 INDICS 后，企业产能提升到 50 万件/年，生产效率提高 40%以上，运营成本降低 21%以上，产品研制周期缩短 33%以上，产品不良品率降低 56%，能源利用率提高 21%，自动化率提升至 60%。

6.3.2 索为的实践案例——飞行器多专业协同设计

北京索为系统技术股份有限公司（简称索为）成立于 2006 年，致力于推进工业技术软件在航空、航天、船舶、兵器等高端装备制造业的复杂产品研制设计、试验制造及过程管理领域的应用，基于"知识自动化"手段，形成了以 SYSWARE 平台、工业 App 为核心的产品和解决方案。

1. 实践背景

目前，飞行器的设计方式是孤立、不系统的，设计过程不规范，工具软件没有集成，数据流没有打通，缺乏设计规则和方法库来引导各个设计环节的工作。因此，设计过程的人工重复性劳动较多、效率低、设计周期长、费用高、质量不高等问题一直存在。

2. 实施情况

1）飞行器集成设计平台总体架构

基于索为 SYSWARE 平台构建飞行器集成设计平台，紧密围绕总体快速设计的研制主线，集成指标输入设计——飞行剖面辅助设计、总体参数辅助设计、气动外形辅助设计、气动特性快速估算辅助设计、方案弹道设计、发动机辅助设计 6 个专业设计模块，并增加数据中心，打通各专业设计模块与数据资源中心的数据关联，有效地解决分布式异构数据的存储、管理与检索，实现设计过程中的数据共享。

2）主要内容

飞行器集成设计平台总体架构主要由数据层、工具层、平台层和应用层组成，如图 6-20 所示。

（1）数据层：管理和存储飞行器集成设计过程中各模块产生的输入/输出数据，为飞行器集成设计的技术状态确定和工程研制提供了数据基础。

（2）工具层：依托 SYSWARE 工具层，提供飞行器集成设计过程中涉及的各类商用和自研软件 API（应用程序编程接口），供集成设计平台调用，主要包括 MATLAB、C/C++、Pro/Engineer、UG、ANSYS、Fluent 等。

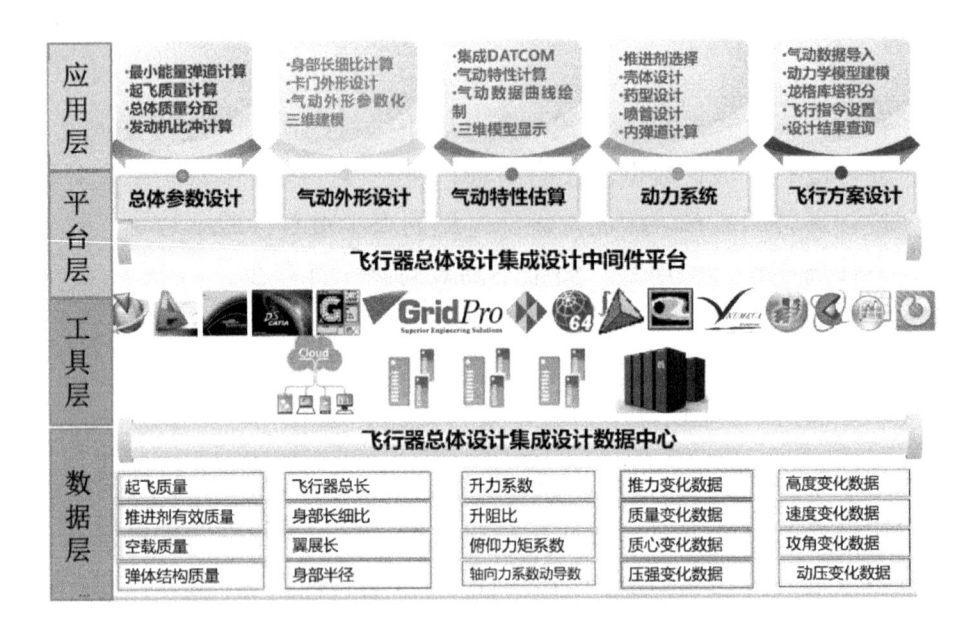

图 6-20　飞行器集成设计平台总体架构

（3）平台层：SYSWARE 平台层是飞行器集成设计软件的核心，可以保证各个阶段、各个专业模型之间的紧密关联，实现多学科关联设计和优化，使飞行器集成设计系统继承了平台良好的交互性、开放性、兼容性、可拓展性。

（4）应用层：结合飞行器集成设计的实际研制流程，在 SYSWARE 平台上完成工具软件封装，并将总体方案快速设计涉及的专业设计和分析工具进行集成。集成后的封装组件和可视化控件，能辅助设计人员完成飞行器集成设计，快速形成初步的总体设计方案。

3）关键应用

（1）气动特性估算。根据气动外形设计模块确定的飞行器气动外形，完成气动数据计算以及气动特性分析。

该模块集成了工程计算程序，可用于飞行器概念设计阶段的气动特性初步估算或用于对试验、计算结果的参照和比对。该模块作为专业组件，可以与其他飞行器设计模块进行组合和关联，实现数据的自动获取、求解和反馈。

（2）飞行方案设计。飞行方案设计模块主要用于完成飞行器飞行方案的辅助设计，集成了气动数据导入、初始状态设置、动力系统设置、飞行指令设置等功能。模块内部集成的运动学、动力学模型以及龙格-库塔积分方法已经过负责实际型号研制的部门验证，飞行方案计算精度可满足飞行器概要设计阶段工程部门的研制需求。

3. 价值成效

项目的成功实施有效缩短了总体方案迭代优化分析周期，提高快速总体方案论证能力，将传统周期 30 天缩短到 18 天以内，并提高了设计质量，减少了人为失误，计算精度误差率小于 5%。

6.3.3　智能云科的实践案例——面向机械加工行业中小企业的网络协同制造模式

智能云科信息科技有限公司（简称"智能云科"）是国内领先的聚焦机械加工领域的智能制造产业生态服务商，智能云科以"互联网+先进制造业"规划为指导，以制造装备互联为基础，秉承"让制造更简单"的理念，积极探索网络协同制造模式。

1. 实践背景

本项目通过为机械加工中小企业提供"登云入网"、厂商增值、要素赋能和产能交易服务，打造面向机械加工领域中小企业间的网络协同制造平台，推动生产能力、市场需求跨企业集聚与对接。截至目前，智能云科推出的 iSESOL 工业互联网平台服务范围已涵盖 26 省、161 市，服务企业客户 3 000 余家，连接智能设备数超过 24 000 台。

2. 实施情况

1）iSESOL 工业互联网平台总体架构

iSESOL 工业互联网平台总体架构如图 6-21 所示。业务应用层为机加中小企业提供登云入网、厂商增值、要素赋能和产能交易服务；基础服务层提供满足业务应用层的基础服务，主要包括设备接入及控制服务、工业系统网络互联、工业数据交换、工业生产要素的建模及分析等服务；物理系统层为平台提供现场设备及设备网络连接。设备包括机械加工企业重要的生产设备、物流设备、检测设备及仓储设备。

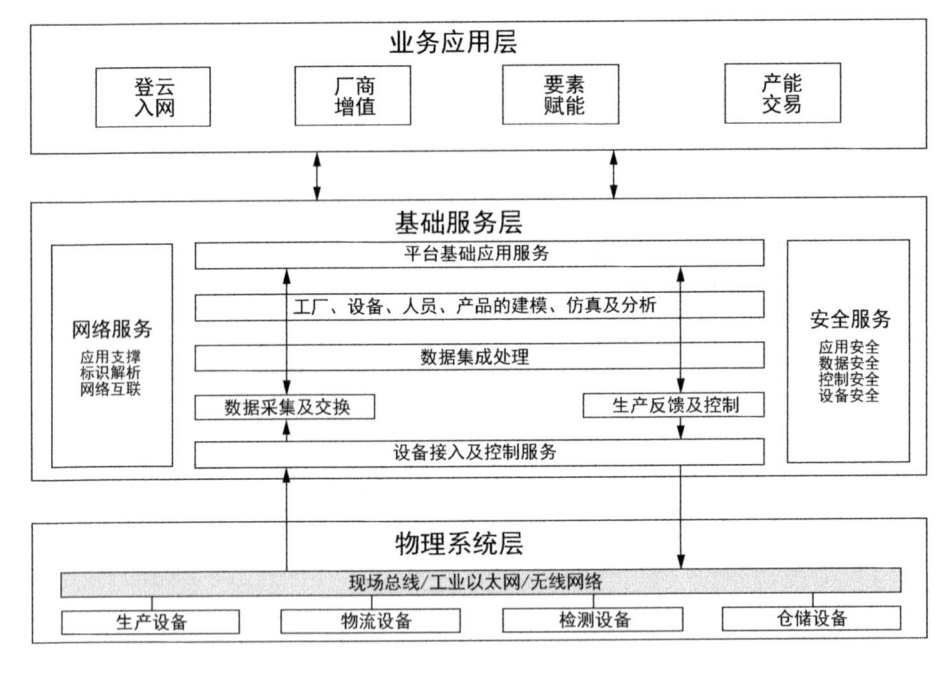

图 6-21　iSESOL 工业互联网平台总体架构

2）主要内容

（1）解决单个装备的智能化和装备级的互联问题，通过 M2M（机器和机器）、M2H（机器和人）的互联，实现机器与机器、机器与人之间的协同。

（2）将车间内的各个业务和生产环节互联，包括产品设计、制造准备、加工制造、服务等。

（3）将智能车间乃至智能工厂连接起来，实现产业链上相关企业间的互联。

3）关键应用

网络协同制造与产能交易：在工厂与智能终端联网的基础上，为供方工厂、采购商与供应链配套商等提供更为系统更为完备的交易服务。iSESOL BIZ（iSESOL 智造在线）与 iSESOL MALL（iSESOL 工业品 MRO）为产能交易提供服务。其中，iSESOL BIZ 可通过线上线下产能资源协同，为机械加工领域企业提供订单交易与多维度增值服务。通过询盘报价、商机与交易管理、订单智能筛选匹配等各项线上服务功能，实现供需双方的商务洽谈、商机评估、智能优选、打样试制、远程下单、支付存管、生产追溯等交易全流程服务模式。

网络协同制造解决方案本质是实现制造资源的数字化与互联互通，超越公司法人治理结构的局限，促进社会化资源整合，释放制造个体的生产潜力。具体而言，智能云科 iSESOL 工业互联网平台，可基于工业控制计算机的智能化运动控制系统以及承载边缘计算能力的 iSESOL BOX，实现制造装备的数据联网和实时传输应用，即实现"聚焦于一个法人主体的智造单元的数字化"。而 iSESOL WIS（工厂数字化运营管理系统），提供的是云化的 SaaS 服务，使得制造过程的供应链透明化，不仅可以实现车间运营信息、制造过程信息的互联互通，提供更好的人机交互的环境，还可以以数据结算的方式，跳出单一的企业法人主体，打破企业与企业之间的鸿沟，实现"跨组织的制造单元的数字化"。

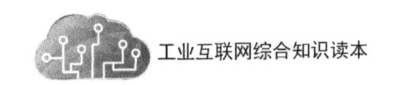

一方面,每个制造个体成为一个"可结算的智造单元",可以以价值分享、生产力分享的形式(包括市场分享、技术分享、生产分享、设备分享、管理分享、平台分享等)完成跨组织意义上的数据结算,获得相应收入。

另一方面,设计师可以将其个性化的设计上传到工业互联网平台;消费者可以通过在线支付的方式,将设计师的个性化设计形成独特的工艺文件和订单流程;工厂可以接收相应的工艺文件和订单,并将其付诸生产,从而真正实现"个性化定制的批量化生产"。

3. 价值成效

以江苏感恩机械有限公司的生产力租赁应用为例,企业自有机床44台,通过 iSESOL 平台提供的机床租赁业务,以在线租赁的方式与东莞某装备制造商签约50台智能高速立式加工中心,并以远程租赁、即时结算的方式支付租赁费用。据不完全统计,在线机床租赁服务为该企业每年新增100万~150万元的产值。生产力租赁示意如图6-22所示。

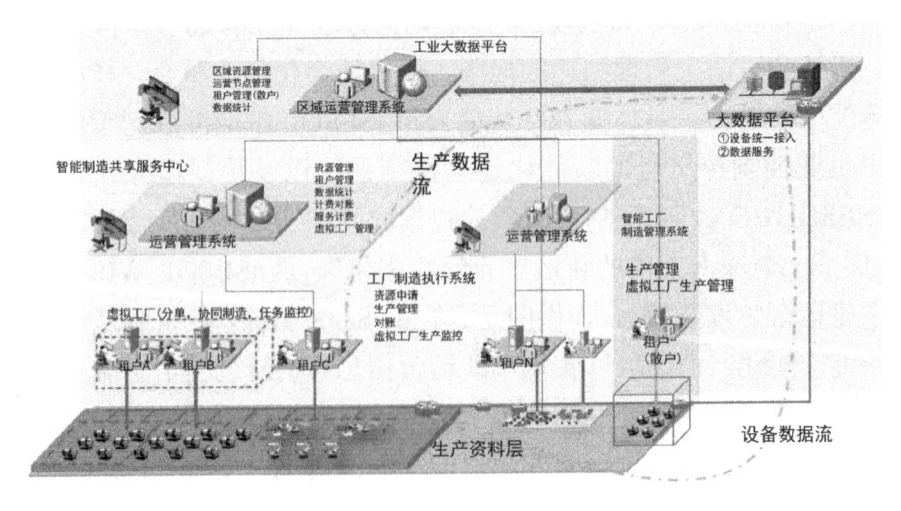

图6-22 生产力租赁示意

6.4 模式探索类应用实践案例

6.4.1 树根互联的实践案例——从设备运维到金融服务

树根互联技术有限公司（简称树根互联）成立于 2016 年 6 月，打造了根云工业互联网平台，提供连接、计算、应用、创新等一站式工业互联网端到端产品与服务。目前，根云平台已接入能源设备、纺织设备、专用车辆、港口机械、农业机械及工程机械等多种高价值设备。久隆财产保险有限公司（简称久隆财险），由三一集团等 15 家公司共同出资成立，于 2016 年 3 月 11 日正式获批开业，是国内首家聚焦装备与装备制造业的专业保险公司，以工业互联网、大数据平台和工业资本为支撑，为客户量身定制专业化、智能化的保险产品和服务。

1. 实践背景

本项目是对"装备+数据+金融"闭环模式的首次探索和积极尝试，对于复合数据的价值发掘及数据变现模式的探索，具有积极意义。

（1）久隆财险依托根云平台实现 UBI（Usage-based Insurance）保险产品落地，根云平台依托久隆财险打造物联网金融增值服务赢利模式，打通根云平台在 UBI 实现过程中从端到端的应用，打造物联网平台服务保险业的能力。

（2）完成对挖掘机维修换件数据以及 ECC 工况数据的挖掘与分析工作，并将分析结果应用于物联网数据产品开发、客户服务、保险理赔、二手设备价值评估、延保产品以及二手设备质量保证保险。

2. 实施情况

1）根云工业互联网平台总体架构

根云工业互联网平台总体架构如图 6-23 所示。基于工业互联网平台的大数据能力，建立保险大数据解决方案，实现对海量数据（互联网与物/车联网）的储存、信息的快速提取（包括对非结构化数据的信息提取）及大数据分析，生成设备的综合状态评估，以及设备所属企业的运营状况及信用风险等模型，为保险业务提供更加精准的服务。

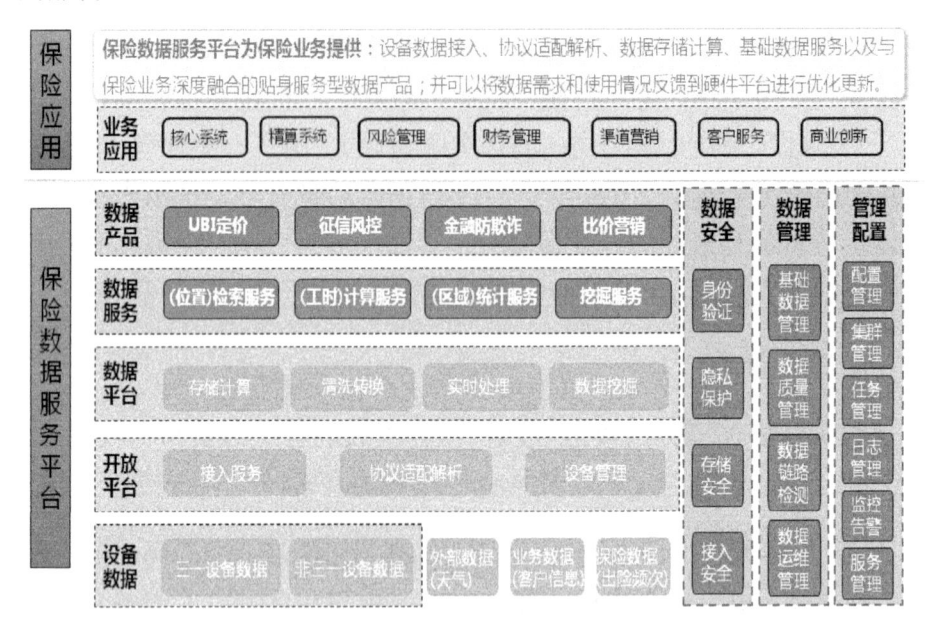

图 6-23　根云工业互联网平台总体架构

以挖掘机的物联数据和设备维修换件数据为基础，完成数据的评估和分析，针对设备使用情况与设备故障维修情况进行大数据挖掘与建模，建立挖掘机设备质量评估指数。

根据模型成果开发用于精算定价与风险选择的数据产品，协助保险公司的精算,以及产品研发部门在用户使用场景、风险管理上提供技术、数据及运营支持,并结合挖掘机质量评估指数及其他变量信息,帮助保险公司完成 UBI 产品及延保产品的定价。

2)主要内容

树根互联提供基础的数据清洗与管理服务、设备工况画像分析服务、设备维保画像分析服务,同时结合工况、维保数据和质量评估指数/维修概率预测模型等,提供各类分析服务。当涉及客户核心系统和数据的定价等业务和应用时由客户自主把控。数据应用情况如图 6-24 所示。

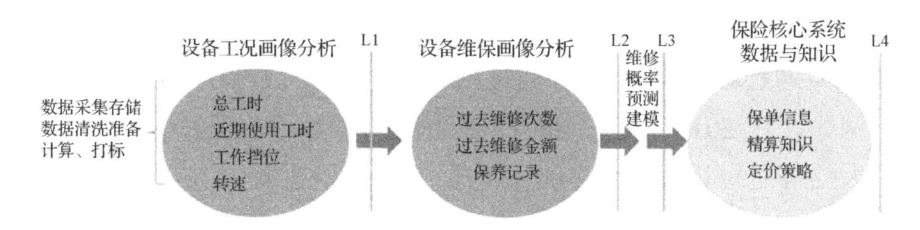

图 6-24 数据应用情况

3)关键应用

(1)在根云工业互联网平台上推出基于区块链的融资租赁业务解决方案,基于区块链数据,可追溯不可篡改的特性记录——设备的生命周期(设备的工况、维修、保险、租赁、买卖等);运用区块链的智能合约实现融资租赁合同的签订、生效、执行、法律纠纷鉴定,从而保证合同的高效执行,降低工业设备租赁的抵押风险,同时也为融资租赁企业的再融资提供更真实的企业运营依据。

(2)与久隆财险合作,针对工程机械行业,开发了基于设备物联数据与保险理赔报案情况智能核保分析系统,根据业务场景实际异常判断规则,对是否骗险进行精准分析。异常判断规则如下:根据客户报案所述的出险时间，在根云的 ECC 数据上显示上述时间前后（1小时）设备有无作业数据；若投保企业的设备发生火灾、自燃事故，在根云的 ECC 的数据上显示近一段时间（15 天）有无作业数据；物联数据显示的经纬度与客户报案地址是否一致，等等。

3. 价值成效

一方面，树根互联通过其所投资的广东华三行建工物联科技有限公司，专业从事工程机械的融资租赁业务，从成立起的短短几个月，就产生了近 2 亿元人民币的租赁收入，注册企业用户超过 2 000 家，月活跃度超过 85%，真正打通了 OEM（原始设计厂商）、代理商、维修商、二手交易的金融产业链条。另一方面，保险反欺诈产品上线后，久隆财险通过该产品辅助识别反欺诈案例成功地减少了保险理赔损失。例如，在 2018 年 8—10 月接到的近 1 000 个案件中发现假案 13 起，大约每月可以减少约 300 万人民币的保险理赔损失。

6.4.2　海尔的实践案例——大规模个性化定制牵引下的生态重构

海尔集团（简称海尔）从 2012 年开始建设互联工厂，从大规模制造向大规模定制转型，把产销分离变为产销合一；同时自主研发、打造了 COSMOPlat 工业互联网平台。在该平台上，用户通过社群交互向终身用户演化；互联工厂则推动大规模生产向大规模定制转变，实现高精度下的高效率；而平台本身又是一个开放的生态圈，由用户驱动，并吸引着全球一流资源。

2018 年，COSMOPlat 工业互联网平台将定制化理念应用于房车行业，已经吸引众多的房车行业上下游企业加盟。未来平台将为用户提供房车定制及智慧出行体验,为房车行业快速进入物联网时代全面赋能。

1. 实践背景

荣成康派斯新能源车辆股份有限公司(简称康派斯)生产的房车是中国房车十大品牌之一,中国房车制造业的典型代表。在过去的房车生产中,康派斯主要依靠出口客户进行批量生产,通过历年经验预估客户需求增量,往往造成零配件库存量大、产品积压或订单交货期紧张等各种问题。而房车产品本身缺乏与时俱进的智能化设施,只是单纯地模仿国外生产,将传统配件进行复制安装,缺乏设计创新能力。

海尔计划通过构建交互式定制平台,精细化经营房车客户社群,实现房车的大规模定制化生产;通过构建创新设计平台与客户交互,实现房车的创新设计;通过构建模块化采购平台,推进房车功能模块的标准化、模块化进程;通过赋能工厂智慧化生产、智慧化服务,为客户的交车过程提供透明可控的条件;通过构建智慧售后服务平台,为工厂、客户提供可靠及时的售后服务通道。

2. 实施情况

1)COSMOPlat 工业互联网平台总体架构

COSMOPlat 工业互联网平台总体架构如图 6-25 所示。该项目的实施主体为荣成康派斯新能源车辆股份有限公司,服务对象为房车产业链的上下游企业,是目前房车行业首家工业互联网平台。客户可以通过 COSMOPlat 工业互联网平台进行个性化定制房车,还可以通过 COSMOPlat 工业互联网平台进行需求交互,用户的需求被分类合并后,平台入驻的设计师可以据此进行开放设计;设计好的产品经过社群交互后转化为实际订单,通过平台下单到主机厂进行生产,然后将产品直接发给客户。通过 COSMOPlat 工业互联网平台；房车行业产品全生命周期可视、可控、可靠。

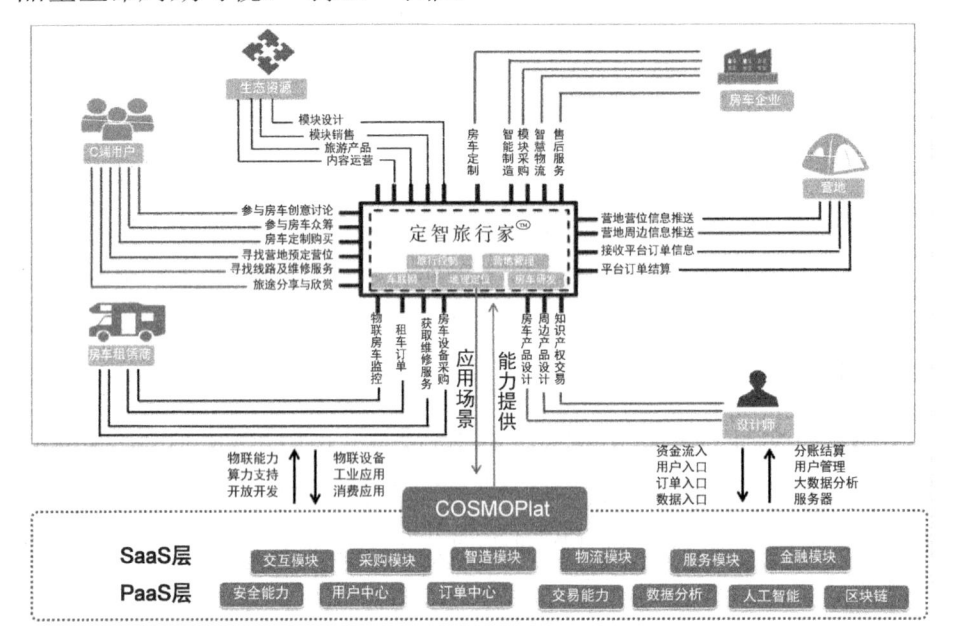

图 6-25　COSMOPlat 工业互联网平台总体架构

2) 主要内容及关键应用

（1）提供从硬件定制到服务定制再到生态定制的差异化解决方案。为客户提供定制房车、租赁房车、驾驶房车以及营地服务一体化保姆式服务。通过一个 App 不仅可以在社群交互，众创众筹房车，还可以通过 App 车联网终端控制房车内的所有智能家电。同时，通过 GPS 定位，规划去目的地的旅游路线，一键下单预定营位、预定营地周边吃喝玩乐。在紧急情况下，还为用户提供报警、救援等服务，将房车产业生态通过 COSMOPlat 工业互联网平台有机地整合在一起，为客户提供最佳体验。

（2）为房车生产企业提供社群交互、开放研发、数字营销、模块采购、智能制造、智慧物流、智慧服务和智能产品八大解决方案。通过 COSMOPlat 工业互联网平台与企业的 ERP、APS、MES、WMS 数据互联互通，使产业链数据横向集成、企业数据纵向集成、房车产品数据全生命周期集成，最终实现企业制造成本下降、生产效率提升、订单增长等运营水平的综合提升。

（3）为营地提供智能化软/硬件一体化解决方案，实现土地资产盘活，并在智能房车中融入车联网、区块链、标识解析、人工智能技术等前沿技术，彻底解决房车行业安全标准不规范、客户体验差等问题，最终实现客户、房车企业、营地和政府各攸关方的利益最大化。

3. 价值成效

康派斯通过 COSMOPlat 工业互联网平台，将房车客户社群交互的碎片化需求整合成大规模定制需求，引入国际知名房车设计师与客户进行交互。康派斯第一时间通过系统获取订单，并通过 COSMOPlat 模块采购平台采购所需物料，控制生产过程，应用全新工业设计。通过这一系列的平台管理和引进，订单交付周期由原来的 35 天减少到 20 天，产品成本下降 7.3%，订单增幅 62%。

6.4.3　徐工信息的实践案例——新能源物流行业应用

江苏徐工信息技术股份有限公司（简称"徐工信息"）成立于 2014 年 7 月 1 日，是国内专注于工业互联网和智能制造的公司。徐工信息秉持"为工业赋能，与伙伴共生"的企业使命，致力于成为工业互联网技术和解决方案的引领者。

1. 实践背景

以北京中城新能源物流有限公司为代表的新能源物流企业，在新能源物流运营过程中面临几个痛点问题，具体如下：

（1）物流运输过程中不能有效地对新能源物流车进行实时状态监控与管理。

（2）对新能源物流车的充电缺乏有效管理，直接影响物流运营效率。

（3）如何合理安排客户运单，提高新能源物流车辆的利用率等。

2. 实施情况

1）汉云工业互联网平台总体架构

汉云工业互联网平台总体架构如图 6-26 所示。

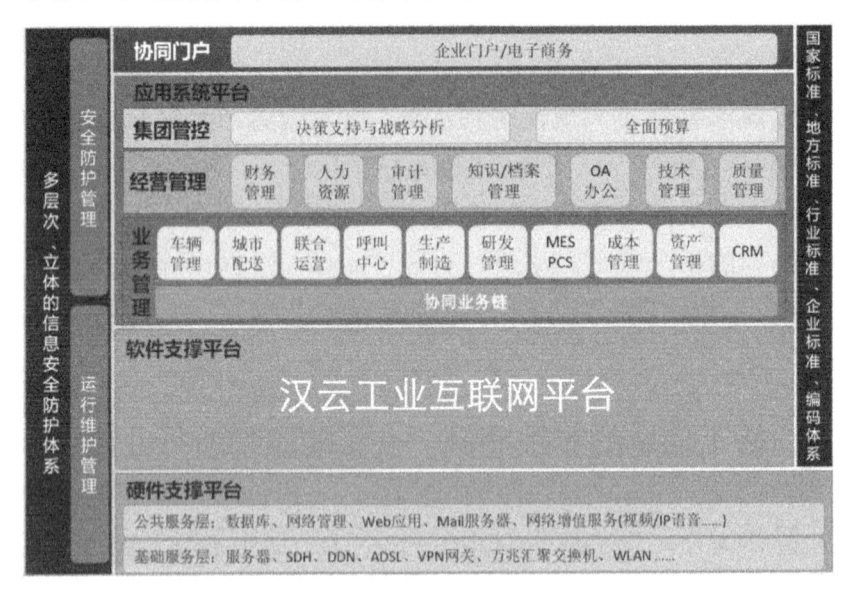

图 6-26　汉云工业互联网平台总体架构

2）主要内容

该项目基于汉云工业互联网实现的主要功能如下。

（1）边缘层：负责企业资源能力的接入，包含新能源车辆的连接、充电设备的连接、各类传感设备的连接,以及与其他平台的数据交互。

(2)平台层包含边缘层接入协议、IT 基础设施建设、数据接入模块、中间件模块、微服务组件与接口。

(3)企业应用层包含企业新能源物流运营相关的业务功能模块,包括车辆管理、配送调度、联合运营、呼叫中心、资产管理、成本管理等。

汉云工业互联网平台的功能及技术构成如图 6-27 所示。

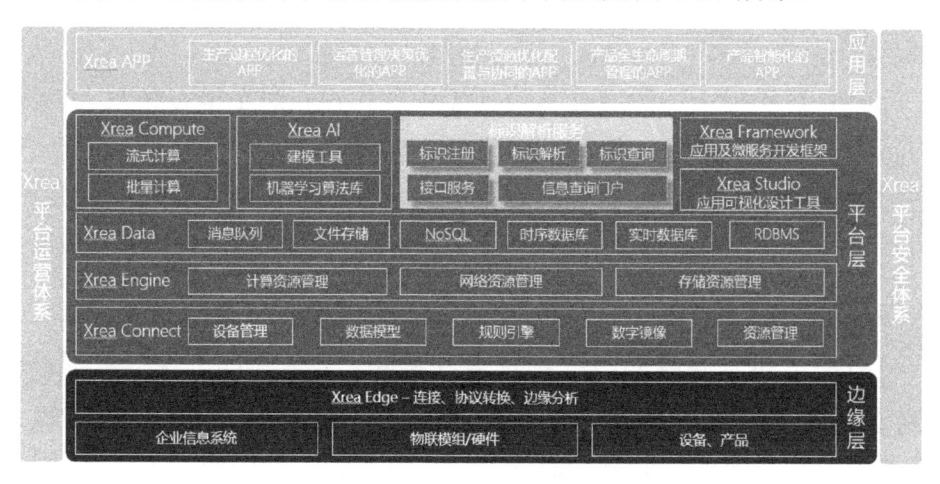

图 6-27 汉云工业互联网平台的功能及技术构成

(1)物联网接入功能。屏蔽协议差异性,支持接入多种物联网传感器和采集器,并且可以自定义扩展;兼容已有物联网文件和数据的接入;数据协议泛支持 SOAP、MQTT、JSON 或自定义的二进制协议;通信协议泛支持 TCP、UDP、HTTP、Web Socket。

(2)物联网数据处理功能。支持千万级物联网传感器和终端数据并发接入;实时处理吞吐量到达百万级,延迟只需数秒;离线计算效率高,对 TB 级数据进行分布式处理,只需几分钟。

（3）灵活的物联网数据接口。支持 Restful 接口，灵活实现与 Restful 接口应用程序之间的数据交换和共享；支持 Thrift 接口，灵活实现跨语言环境下开发的应用程序之间的数据交换和共享；支持 API 直连接口，灵活实现 API 直连接口应用之间的数据交换和共享。

（4）物联网数据保护。通过 SSL 和 TLS 保证链路安全；通过防火墙等硬件设备防止网络攻击，保证网络安全；通过密钥鉴权对数据的访问进行有效控制保证接入安全；通过冗余副本保证数据的存储安全；通过数据校验机制保证数据的防篡改。

3）关键应用

面向新能源物流领域具有管理需求的客户，对车辆及随车人、物的状态信息进行采集、传输、存储、分析和展现，提供基于工业互联网的新能源物流行业应用解决方案，帮助客户实现成本控制、管理透明、保障安全的目标。

3. 价值成效

根据工业互联网的路径规划算法模型，科学地进行物流运单调度，任务执行效率至少提高 40%；通过采集车辆详细的历史工作状态，结合工业互联网的驾驶行为算法模型，对驾驶人的操作行为进行数据与评估，从而帮助驾驶人改善驾驶行为，提高新能源电池电量续航最大化，同时也减少了车辆事故；通过大数据分析新能源物流车的运营热点，为企业建设车辆运维服务网点和充电站提供决策依据。

6.4.4　浪潮集团与中储粮的实践案例——智慧粮仓项目

中国储备粮管理集团有限公司（简称"中储粮"）是 2000 年 5 月经国务院批准组建的国有重要骨干企业，负责中央储备粮的经营管理，对中央储备粮的总量、质量和储存安全负总责，同时接受国家委托执行粮油购销调存等调控任务。目前，中储粮直接管理和负责监管的中央储备粮及政策性粮食库存总量约占社会粮食总库存的 70% 左右。

浪潮集团（简称浪潮）是中国领先的云计算、大数据服务商，拥有浪潮信息、浪潮软件、浪潮国际、华光光电四家上市公司，业务涵盖云数据中心、云服务大数据、智慧城市、智慧企业四大产业群组，为全球 100 多个国家和地区提供 IT 产品和服务，全方位满足政府与企业信息化需求。

1. 实践背景

为确保储备粮数量真实、质量良好，在国家急需时能"调得动、用得上"，中储粮不断运用信息技术手段提升储粮管理能力，与浪潮集团携手，以浪潮工业互联网平台为基础，以"一卡通"系统为抓手，打造了全球最大的智能化粮库，大幅提升了中央储备粮的运营效率与集团管控能力。

2. 实施情况

1）浪潮工业互联网平台总体架构

浪潮工业互联网平台总体架构如图 6-28 所示。

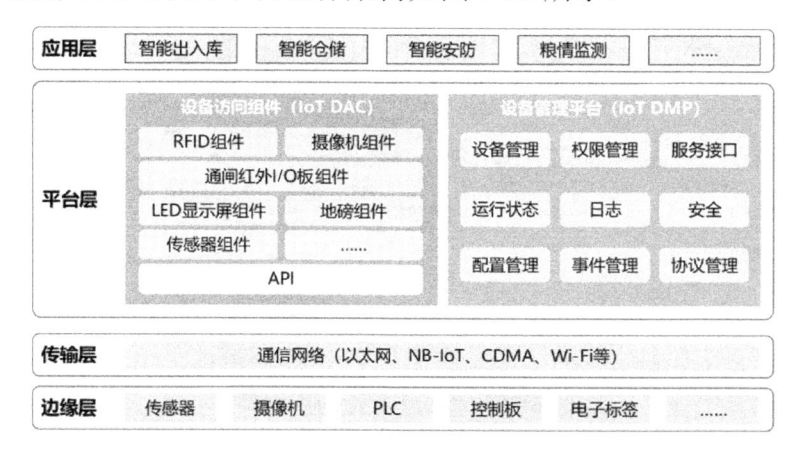

图 6-28 浪潮工业互联网平台总体架构

边缘层：包括 RFID 读写器、温湿度传感器、摄像机、PLC、I/O 控制板、ARM 单片机等各类数字化设备。

传输层：建立数字化设备和应用信息系统之间数据传输通道。

平台层：通过相关协议采集设备数据，对数据进行解析、清洗、分类、入库、分析，并提供协议维护、组件发布、API（应用程序编程接口）开放等功能。

应用层：针对接入平台的各类数字化设备，开发智能出入库、智能粮仓、智能安防、粮情监测等应用。

2）主要内容

智能化粮库应用框架如图 6-29 所示。

图 6-29　智能化粮库应用框架

（1）对粮库生产作业底层设备的数字化改造。

（2）对业务管理信息系统的智能化改造。

（3）数字化设备与业务管理信息系统深度集成，形成统一的管理平台。

（4）将物联网、大数据等新技术与粮库管理信息系统融合，实现底层设备数据的自动化、实时采集。

（5）通过对数据进行整合分析，实时、全面地掌控粮仓的关键指标，优化粮仓管理，为宏观决策提供依据。

3）关键应用

（1）智能出/入库系统。智能出/入库系统无缝集成了车牌智能识别、身份证阅读、RFID卡读写、条码打印/识别、称重计量设备、LED显示屏、视频监控、手持智能终端等设备，实现智能入门登记、扦样、粮食检验、过磅检斤、自动定等定价、自动计算扣量、自动结算、网银付款等功能，让粮食出/入库作业能够全程自动化、可视化，杜绝人为干预。

（2）智能仓储系统。智能仓储系统是依托多种信息技术手段，对粮温、粮仓的气体浓度、虫情等进行自动检测，依据粮情检测结果和外部气象数据，智能控制通风、气调、烘干设备，精准调控粮仓环境，实现智能化储粮目标。

（3）智能安防系统。智能安防系统可以提供监控摄像头接入、画面预览、拍照、录像和粮情数据的采集、分析、展示等功能，一方面能对重点区域、重点粮仓进行远程视频监控，另一方面还能对储粮状态或粮温状态异常的库点和仓房进行预警，在地图上以不同颜色区分。中储粮总公司依托智能安防系统可以穿透查看管辖范围内任意库点的实时信息，实现可视化监管。

（4）粮情监测系统（见图 6-30）。通过在粮库粮仓内部署视频监控设备和粮情传感设备，总公司、分（子）公司监管人员可远程在线监管仓内储粮情况。该系统根据分（子）公司监管人员定义的策略每天自动抓拍粮库关键作业点和仓内储粮情况图像，并上传到总公司数据库进行存档，为审计监察人员提供更多审计资料。该系统还能提供实物测量和补仓计算服务，通过激光扫描技术，计算粮堆体积；还能结合粮食的容重，计算仓内粮食库存数量，再根据库存数量和仓容，计算补仓数量。

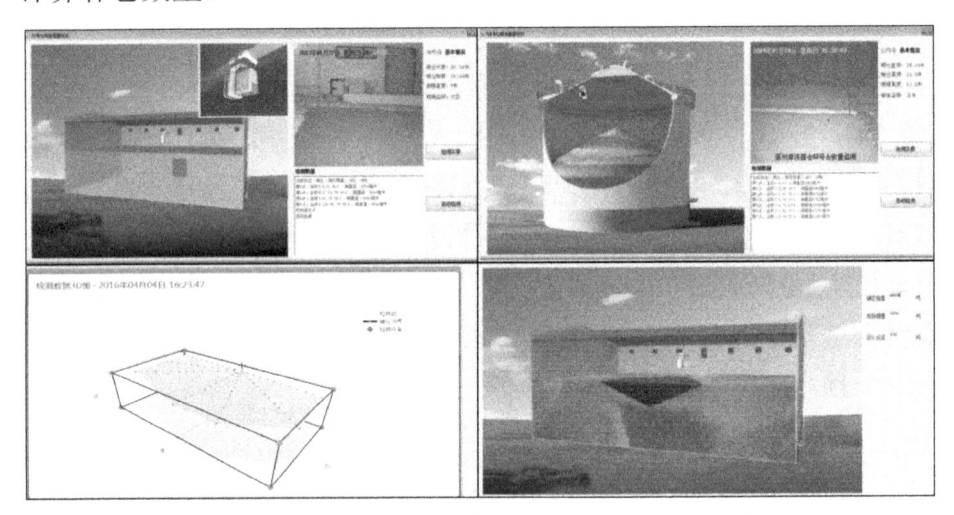

图 6-30 粮情监测系统

（5）安全保障体系建设。包括以下 3 个方面。

① 数据安全性，对粮情关键数据进行加密存储保护，支持多种加密算法。

② 网络传输安全性，粮情关键数据采用加密协议传输，确保其在传输过程中不被监听。

③ 应用访问安全性，为使用智能出/入库、智能仓储、智能安防、粮情监测等系统的用户签发数字证书，将用户身份与数字证书绑定，实现对网络信息传递双方身份的准确鉴别；通过设置权限约束用户可访问的应用功能；提供安全日志审计。

3. 价值成效

通过智慧粮仓项目的实施，中储粮可以准确地掌握全国粮食库存数量、库存分布情况及粮情状态，远程、实时查看粮仓现场情况，国家掌握粮情的周期由原来的 15 天缩短至 3 天。基于实时粮情的掌握，中储粮能够精准开展熏蒸、气调、通风等仓储作业，避免粮食陈化，延长粮食储存周期。该项目还减少了客观或人为因素造成的粮食收购、储存环节损失，能耗、人力等成本降低了 5% 左右。

第七章

数字经济时代下工业互联网展望

数字经济正在经历高速增长、快速创新,在带动新兴产业发展、推动传统产业转型、实现包容性增长和可持续发展中发挥着日益重要的作用。工业互联网不仅是数字经济的重要组成部分,更是发展数字经济的关键支撑,在经济社会发展中肩负着重大历史使命。探索中国特色工业互联网发展之路,须要准确把握全球新一轮科技革命和产业变革的大势,紧紧抓住产业转型升级带来的新需求和新机遇,立足现实国情和比较优势,按照高质量发展要求,充分调动政府、企业和产业的积极性,推进制造业发展加速迈向中高端,助力现代化经济体系建设,推动经济社会持续健康发展。

7.1 工业互联网发展机遇与挑战并存

随着供给侧结构性改革的深入,产业转型升级步伐加快,工业互联网迎来更加广阔的发展舞台和巨大的发展空间,不断向更高技术、

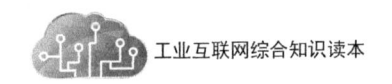

更广应用、更深融合、更新业态的新格局跃升。但由于支撑工业互联网发展的基础条件、制度环境等难以快速做出适应性调整，会在一定程度上制约工业互联网发展。

7.1.1 工业互联网发展机遇难得

当前，新一代信息通信技术蓬勃发展，产业数字化网络化智能化升级全面提速，为工业互联网创新发展带来众多机遇。而持续推进改革开放，则释放出巨大政策红利，为工业互联网通过"引进来"和"走出去"两条路径实现国际化发展创造了难得的机遇。

1. 科技日新月异构筑核心驱动

网络信息技术是全球研发投入最集中、创新最活跃、应用最广泛、辐射带动作用最大的技术创新领域，是全球技术创新的竞争高地。感知、网络、算法等快速迭代跃迁，推动移动通信、大数据、人工智能、区块链等为代表的新一代信息通信技术加速突破应用，为工业互联网融合创新发展注入强劲动力。

一方面，前沿技术不断加速演进，为工业互联网持续创新提供基础性技术支撑。在移动通信领域，第五代移动通信技术（5G）带来的低时延、分布式和高吞吐量性能改进，将支持增强连接、低功耗大连接等重要场景，使超高清虚拟现实、自动驾驶等成为现实。在大数据领域，大数据计算性能进一步提升，各类数据库的融合能力持续增强，以开源为主导、多种技术和架构并存的大数据生态不断完善。区块链技术基于不可篡改、信息透明等特性，能够构建低成本的信任机制，已从数字货币领域加速渗透至其他领域。在人工智能领域，深度学习、类脑计算等人工智能基础技术快速进步，机器视觉、语音识别、自然语言理解等应用技术取得突破性进展。前沿技术的跨越式发展，为制造业实现创新发展提供了现实可能，也将成为推动工业互联网持续发展壮大的关键动力。

另一方面，信息通信技术与制造业走向深度融合，为工业互联网模式和业态持续创新提供有力支撑。感知、传输、存储、计算等技术与制造技术的交叉融合和嫁接重组，将实现资源、机器和人无缝连接，支撑端到端的数据传送以及各类要素信息的充分共享，形成贯穿产品生命全周期、全流程的数据链闭环，促使不同主体间能够在更高层级、更广范围、更深程度进行协作优化，进而为多维度融合创新提供了更多源泉，有望孕育出更多新产品和新业态，为工业互联网拓展新方向。

2. 应用需求迫切提供广阔市场

当前，我国工业、农业和服务业信息化水平总体上仍较低。大幅提升信息化程度，加速数字化、网络化、智能化发展进程，是未来相当长时期内经济社会发展的主要任务和目标指引，在对工业互联网支撑能力提出更高要求的同时，也必将形成巨大的市场需求。

一方面，工业转型升级带来广阔市场。目前我国制造业总体上处于工业 2.0 与工业 3.0 并存的阶段，大量企业特别是中小企业信息化建设缓慢、网络化数字化智能化水平较低，在相当程度上导致制造业产品和服务的质量和效率难以满足多元化、个性化需求。要切实摆脱这种发展困境，支撑制造业形成新模式、新业态、新产品，创造新供给、释放新需求、形成新动能，并实现制造强国的战略目标，加大对新一代信息通信技术利用广度、深度就成为必然选择。而工业互联网作为信息通信技术与制造业深度融合的产物，日益成为第四次工业革命的关键支撑。制造业内在加速转型发展的迫切需求，客观上将拉动工业互联网快速普及，从而创造出庞大的应用市场。

另一方面，非工业领域数字化转型开辟市场。由于工业互联网本质上是在全面深度互联基础上以数据为核心的智能化网络设施、平台或工具，不仅能用于工业领域（或当前阶段主要用于工业领域），未来还将向更多经济领域延伸、向更大实体空间覆盖。随着工业互联网逐步向农业以及能源、交通、医疗等城市公共服务领域的应用拓展，在支撑各实体行业的网络化、智能化改造升级以及促进相关行业新技术和新产品开发与应用的同时，也必将给自身带来更广阔的市场空间。Lux Research 预测，全球工业互联网产业到 2020 年将达到 1 510 亿美元。

3. 深化改革开放释放政策红利

跨界（包括跨行业、跨区域、跨国界）融合发展，是工业互联网最显著的特征之一。国内体制机制改革的深化、"放管服"的深入推进，以及依托"一带一路"开创的对外开放新格局，将为工业互联网发展营造出更宽松、更开放的政策环境，促进中国及全球工业互联网共同繁荣。

一方面，深化改革带来机遇。营造良好环境是推进工业互联网发展的必然要求和重要保障。党的十九大报告提出，加快完善社会主义市场经济体制，深化国有企业改革，发展混合所有制经济，全面实施市场准入负面清单制度，清理废除妨碍统一市场和公平竞争的各种规定和做法，支持民营企业发展，激发各类市场主体活力。深化商事制度改革，打破行政性垄断，防止市场垄断，加快要素价格市场化改革，放宽服务业准入限制，完善市场监管体制。当前，"放管服"改革正在走向深入，我国"开办企业便利度"排名从 2017 年的第 127 位上升至 2018 年的第 93 位[16]，工业产品生产许可已从最初的 487 类缩减

---

[16] http://www.gov.cn/xinwen/2017-11/09/content_5238384.htm

到目前的 24 类[17]；减税降费实质性推进，增值税由三挡合并为两挡、下调增值税税率和社保费率的政策指向进一步明确，宽带提速降费力度也进一步加大。这些要求和举措不仅有利于放宽融合性产品和服务准入限制，还有利于激发创新创业活力，为工业互联网持续健康高质量发展提供有力保障。

另一方面，开放发展带来机遇。开放化、国际化发展是工业互联网发展壮大的内在要求。近年来，党中央、国务院出台了一系列政策措施，以进一步拓展开放范围和层次，完善开放结构布局和体制机制，推动形成全面开放新格局。通过加强对接国际经贸规则、保护知识产权和放宽外资股比限制等举措，积极创造更有吸引力的投资环境，将有助于促进外资稳定发展、吸引新的外资进入，有望为国内企业提供一批潜在的合作伙伴或用户，促进工业互联网在跨国合作中实现新增长。同时，全力推动的"一带一路"建设，也为工业互联网国际市场拓展搭建了新通道。截至 2018 年年底，我国已与"一带一路"沿线的 122 个国家和 29 个国际组织签署了 170 份政府间合作文件，在沿线国家建立了 82 个经贸合作区[18]。这为工业互联网"走出去"创造了有利条件，使工业互联网服务范围可以更便捷地从国内拓展至"一带一路"沿线国家，能够更合理地配置创新、人才、资金等资源，更高效地构建跨境产业体系，从而加速中国工业互联网国际化发展进程。

7.1.2　工业互联网发展遇到的挑战不容忽视

工业互联网作为新一代信息通信技术与制造业融合的产物，其渗透应用必将带来经营模式、生产组织方式、业务形态等深刻调整，客

---

[17] http://finance.sina.com.cn/roll/2018-09-30/doc-ifxeuwwr9878664.shtml
[18] https://www.yidaiyilu.gov.cn/jcsj/dsjkydyl/79860.htm

观上要求快速构建起与之匹配的技术支撑能力、法规制度依据以及实施相应的监管规则等。但通常生产关系层面的调整会滞后于生产力的发展，使得工业互联网初期发展因缺乏必要的保障和规范而充满各种风险和挑战。

1. 工业互联网创新发展能力亟待增强

工业互联网发展得快慢好坏，主要取决于自身供给能力。从总体上看，我国工业互联网虽然取得明显进展，但自主创新发展能力整体仍偏弱。表现在以下3个方面。

（1）关键基础能力不足，工业互联网相关标准、技术、产业对外依赖严重。更严峻的是当前全球贸易保护主义抬头，发达国家对我国高技术产品出口限制程度不断加深，进一步增加了发展难度。

（2）网络、平台和安全三大体系建设相对滞后，仍难以满足工业生产高安全、高实时和高可靠的要求。

（3）工业互联网专业服务体系发展相对落后，面向各子领域提供针对性工业互联网解决方案的服务提供商更是欠缺。

2. 工业互联网应用基础亟待夯实

工业互联网的快速渗透应用，是拉动工业互联网持续良性发展的基本前提和保障。目前受工业企业整体信息化水平较低、技术应用能力和资金投入能力不足以及专业人才短缺等问题制约，远未形成规模化应用之势。首先，工业企业整体融合应用基础较为薄弱。根据中国信息通信研究院的调查，2017年，在综合集成信息化水平方面，大型企业实现产供销集成、设计与制造协同、产业链协同的企业比例分别为 42.2%、36.6%和 12.1%，中型企业三项集成比例分别为 28.8%、23.3%、8.7%，小微企业集成信息化水平则远远落后于大中型企业。其次，工业企业整体融合应用能力相对不足。一方面，由于工业互联网技术更新快、投资规模大、投资专用性强、投资回收慢,相当多的企业想要运用工业互联网,但因无力承担相应的改造建设费用而不得不放弃。另一方面,部署和应用工业互联网,涉及大量工业技术、信息通信技术以及相关知识经验积累,专业门槛较高。即便由第三方提供服务,仍须要企业内部有与之匹配的专业人才,而一般企业在人才储备方面尚难以满足需要。最后,部分企业应用工业互联网的主动性、积极性不够。一个原因是工业互联网发挥效用的时滞较长,有研究表明,数字技术从投入到产生正向经济收益的时滞为3~10年;另一个原因是应用工业互联网需要对组织形式、生产方式等进行相应的调整,由于不敢承担革新带来的成本与风险或不愿放弃固有经营方式和既得利益,从而对工业互联网持观望态度。

3. 工业互联网发展应用环境亟待完善

工业互联网发展需要与之相应的法规制度提供依据和保障。目前我国工业互联网相关法规制度整体落后于发展需要,一定程度上制约了工业互联网快速健康发展。主要体现在以下3个方面:

(1)在市场准入方面,既存在现有市场准入制度不适用,阻碍部分新业态新模式发展情形;也存在部分新业态新模式尚未建立有效的市场准入规则,因准入缺失而增加发展不确定性风险的情形。

(2)在数据确权、流转等规则方面,数据权属尚未得到明确界定,数据流转和交易等规则尚未建立起来,数据共享、数据保护制度仍有待完善,导致数据流转交易存在诸多风险、数据价值难以充分发挥。

(3)在监管规则方面,工业互联网平台企业成为产业发展新主体,但对于平台应该承担哪些责任、承担多大责任等缺乏明确规定,特别是平台汇集海量企业和个人用户数据,亟须完善信息保护、数据集中、数据安全等方面的制度。

7.2 深入推进工业互联网发展的思考

当前，我国工业互联网正站在新的历史起点上，须要准确把握科技和产业变革大趋势，结合现实发展基础，以工业互联网赋能制造业等各产业智能化发展为主线，遵循问题导向和目标导向，调动各方力量，聚焦发展重点，全力打造支撑实体经济数字化转型的工业互联网网络基础设施，全面深化工业互联网渗透应用，着力构筑良好生态，持续完善制度环境，推动工业互联网发展再上新台阶，支撑实体经济高质量发展。

7.2.1 调动各方力量共促发展

工业互联网是一个庞大的系统工程，核心技术突破、新兴业态和模式推广、产业生态培育等工作都极其艰巨和复杂，仅仅依靠市场力量或政府力量，难以在短期内取得突破。另外，当前全球工业互联网正步入规模化扩张的战略窗口期，不进则退，慢进亦退。在这样的大背景下，更须立足国情，瞄准制高点，遵循政府引导、市场主导原则，积极统筹布局、系统推进，探索政企联动、需求带动、创新驱动的工业互联网发展道路。

1. 发挥政府引导和支持作用

工业互联网具备独特的技术经济属性，我国发展工业互联网的产业基础与发达国家也不尽相同，充分发挥集中力量办大事的体制机制优势，加强政府引导，既是应对国际竞争的需要，也是遵守技术经济规律，更好地发挥市场作用的要求。

一方面，工业互联网具有战略性和前沿性，应从国家层面持续进行统筹部署和引导。在战略性高技术领域，发达国家的政府部门一直都发挥着重要作用。工业互联网领域同样如此，美、欧、日等发达国家和地区纷纷发布相关战略，优化发展环境，加大前沿技术资金、人力投入。我国工业互联网在关键技术、标准等方面存在诸多短板，更须要政府围绕创新链、产业链和价值链做好顶层布局，探索利用新型举国体制，高效汇聚各方资源，加大资金、人才等投入，引导产业各方协同攻关，推动形成重点突破、整体提升的发展格局。

另一方面，工业互联网早期发展具有公共品属性，政府应在初期阶段给予更多支持。工业互联网涉及网络改造与建设、标识解析体系建设、安全防护能力建设等公共性领域，投入大、见效慢，企业没有能力或没有意愿投入建设。而这些又是工业互联网持续发展的基础，并且具有很强的正外部性（又称为溢出效应），能让很多后发跟随企业受益。因此，须要政府在技术创新和产业化推广的初期给予更多的支持，帮助企业走出创新"死亡之谷"，快速突破产业化瓶颈。

此外，工业互联网融合创新特性突出，政府应着力营造包容有序的发展环境。相比其他领域，工业互联网"跨界"和"融合创新"的特质尤为显著，孕育新模式新业态新产业的可能性更大，也因此面临更高的潜在风险和不确定性。须要政府审慎出台新的准入和监管政策，加大融合创新发展政策供给，特别是加快数据流转、网络信息安全等相关法规制度的制定，努力打造宽松、有序的市场环境，既为新模式新业态发展留下足够空间，又使其发展有法可依、有章可循。同时，应聚焦工业互联网发展重点和短板，提升政策的精准性和可及性，确保政策效应充分发挥。

2. 发挥企业市场主体作用

企业是创新的主体，更是工业互联网发展的关键驱动力量。可以说企业兴则工业互联网兴，因此，应将激发企业活力、充分发挥企业能动性作为工作的重心。

（1）支持企业成为工业互联网创新主体。强化企业家精神，积极营造鼓励创新、容许失败的社会氛围。鼓励企业根据市场需求进行多元化、多层次的技术和应用创新，为新模式新业态的推广应用提供各种便利。将更多由政府资助的关键技术研发项目交给企业负责，并赋予更大自主权。

（2）支持企业成为工业互联网实践主体。提供公平、合理、透明的发展环境，让国企、民企、外资等不同所有制的企业以及规模各异的大中小企业都能真正参与到工业互联网建设中来，都能发挥自己的比较优势，找到自己的合理定位。为企业探索实践提供切实的支持，包括开展面向企业的专题培训，搭建企业间供需对接平台，为企业创新提供实验验证环境，为中小企业应用工业互联网服务提供必要的资金和人力支持等，以便让更多企业知道工业互联网是什么、能带来什么好处，并有条件和能力发展应用工业互联网。

（3）支持企业成为重大战略决策的参与主体。允许并创造条件让企业更广泛、更深入地参与到工业互联网相关政策的制定过程中，更多地反映企业诉求，更直接地反馈问题或建议，增强政策的合理性和可执行性。

3. 发挥产业相关方的能动作用

高校、科研院所（研究机构）是工业互联网创新链和产业链中的重要环节，有着各自的优势资源和能力，特别是在基础研究、高技术领域原始创新、高层次人才培养方面尤为显著。要积极发挥它们的作用，推动高校、科研院所与政府和企业密切合作，形成发展合力。

（1）鼓励高校和科研院更深度参与工业互联网研发活动。支持和引导高校、科研院所加大对工业互联网重大理论问题研究，更积极地参与国家重点科研项目申报。推动高校院所落实科研成果转化相关政策，疏通基础研究和产业化连接的快车道，促进创新链和产业链精准对接，加快工业互联网相关科研成果从样品到产品再到商品的转化。

（2）推动高校、科研院所加大科研资源开放共享力度。鼓励高校院所将闲置的科研资源向社会开放，并允许针对不同类型的科研资源，探索采用不同的共享模式，以促进科研院所与企业之间创新资源要素自由流动，在提高科研资源利用效率的同时，缓解企业特别是中小企业科研资源缺乏问题。

7.2.2 聚焦供需两端突破发展

工业互联网发展好坏最终体现在供给能力是否足够强、需求是否旺盛以及供需是否匹配上。下一步须要狠抓关键和短板，从两端着手打造工业互联网体系。

1. 大力提升工业互联网供给能力

一方面，围绕工业互联网网络、平台、安全三大体系，加快重点布局。

（1）强化网络体系建设。打造工业互联网企业内网和企业外网的标杆网络，加快5G、全光纤网络设施建设，全面实施IPv6升级改造工程。建立工业互联网网络技术标准体系，加快基础共性和行业应用网络标准研制。在重点行业支持一批骨干工业企业开展网络化改造和创新应用部署。

（2）加快平台建设推广。培育一批企业级平台、行业级平台以及跨行业、跨领域的综合性服务平台，构建多层次平台体系。依托组织宣贯培训、试点示范、上云上平台补贴等方式，遴选一批具有示范带动效应平台应用项目，建设一批平台体验中心和示范基地，加快平台应用推广。完善平台生态，支持平台开源项目和开发者社区建设。

（3）筑牢安全防护屏障。建立健全工业互联网安全管理法律法规体系，强化企业主体责任，构建全流程闭环的安全管理体系。加快建成多层次、多功能安全技术防控体系，支持工业互联网安全企业发展。加快安全技术成果转化和产品服务创新，提升安全技术产业支撑保障能力。

另一方面，围绕市场主体能力提升，加大企业集群培养。

（1）在工业互联网平台、工业软件、安全等关键领域，培育壮大若干具备综合解决方案和全领域覆盖能力的龙头企业，提升我国在生态打造、产业协同、标准制定等方面能力。

（2）引导各领域领先企业及系统集成商跨界发展、融合创新，发展一批工业互联网整体解决方案提供商，提升工业互联网一体化解决方案的供给能力。

（3）在产业基础较好的制造领域，培育一批具有创新能力的工业互联网单项冠军企业，壮大工业互联网创新集群。

2. 强化工业互联网应用市场培育

一方面，采取择重点、抓示范、促引领等举措，促进工业互联网渗透应用。

（1）加快培育先导应用，激发应用基础好、实力强的企业率先进行转型升级，探索工业互联网应用路径，总结形成示范作用强和带动效应明显的行业应用案例或经验，树立应用标杆，带动更多企业共同提升。

（2）选择重点领域和关键环节，通过深度挖掘工业互联网需求，围绕新技术、新平台、新模式，组织开展创新应用项目推广工作，形成一批典型方案与最佳实践，引导带动工业企业应用工业互联网。

（3）选择重点地区开展工业互联网项目示范、城市试点示范，加强部省对接、区域协同、国际合作，带动更广大地区探索发展工业互联网。

另一方面，加大对中小企业的应用支持，推动工业互联网整体市场拓展。

（1）多举措降低应用成本，在国家专项支持资金中，明确对中小企业的支持比率，帮助其按需购买云计算、大数据、研发设计软件或综合解决方案等服务；引导金融机构通过专项贷款、低息贷款等方式加大对中小企业应用工业互联网的融资支持。

（2）完善工业互联网应用服务支撑平台，依托国家级研究机构、产业联盟等，搭建针对中小企业的工业大数据、工业云等众创众包平台，以及工业互联网应用测试验证平台，支撑中小企业开展工业互联网探索。

（3）引导大中小企业融通发展，将协同中小企业联合参与作为重大科研项目、试点示范项目等遴选条件，支持大企业开放自身资源和能力，为中小企业发展赋能。

（4）组织开展工业互联网咨询服务。依托产业联盟、行业组织等，组织专家，面向小城市及中小企业，开展工业互联网应用咨询服务，借助专家和专业机构的知识积累和政策储备，帮助中小企业解决"不

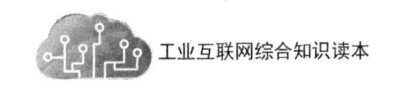

知道怎么做""不知道做什么"等问题，引导中小企业发展。

3. 夯实工业互联网产业基础

围绕工业互联网三大体系建设和渗透应用所需，梳理明显短板环节和最受人制约、影响最长远的领域，加大发展力度。

（1）加强基础产业支撑。加大关键共性技术攻关力度，推进工业互联网标准体系建设，积极布局前沿新兴技术，着力提升在云计算、边缘计算、新型工厂网络、工业大数据等方面的自主化水平，推动新技术的试验验证与商业化部署。

（2）打造创新载体。引导骨干企业、知名高校、科研院所等利用自身优势探索建立特色化的创新中心，并推动完善知识产权等成果分配机制，加速创新生态发展。加大对开源和开源社区的宣传普及，多维度给予开源社区稳定的经费支持，推动基于开源的示范社区建设和重点项目研发，探索相关激励机制。探索建设由大中型科技企业牵头，中小企业、科技社团、高校院所等共同参与的创新联合体。

7.2.3　强化要素投入支撑发展

工业互联网除了具有技术密集性和资金密集性特征外，还具有跨界融合创新带来的高风险性，这要求在发展初期给予更多的人力、物力资源投入。同时，工业互联网还具有一个显著特征，就是依靠数据驱动发展，对数据资源有更高要求。

1. 壮大工业互联网专业人才队伍

人才是第一资源，工业互联网的发展归根到底要靠人才，须要着力加大人才梯队建设。

（1）着重培养高层次科技人才。瞄准工业互联网关键短板，立足自主创新，培养一大批具有国际水平的战略科技人才、科技领军人才、技术创新青年骨干和创新团队。

（2）着重培养国际化优秀企业家。以"百千万人才工程"为支点，撬动国际国内两种人才资源，持续造就一批懂专业、善管理、有国际视野的企业家。

（3）着重吸引优秀工程技术人才。依托国家相关人才政策、项目和工程，加大工业互联网领军人才的引进力度。进一步破除体制机制障碍，吸引互联网、通信、软件等各领域技术人才参与工业互联网发展，壮大开发者队伍。

（4）着力培养技能人才。深入推进产教融合、校企合作，紧扣产业发展需求，探索建立工业互联网"订单式"培训体系，不断壮大工业互联网应用人才队伍。

2. 拓展工业互联网发展资金来源

资金是关键要素，工业互联网涉及领域广、投资金额大，单靠企业自身的力量难以满足庞大的资金需求，须要多渠道为工业互联网发展持续注入大量资金。

（1）用足、用好财政资金。统筹利用现有各类专项资金，适当拓宽和延长对工业互联网网络基础设施改造升级、标识解析体系构建、平台建设与生态打造、安全保障、试验基地等基础共性领域的支持；完善政府采购配套政策，加大对工业互联网融合创新产品和服务的采购力度。

（2）探索利用政府引导基金或设立工业互联网产业投资基金等，吸引地方政府、有实力的企业、大型金融机构等多方资本参与工业互联网前沿技术研发与重大工程建设。

（3）加速产业与金融结合发展，大力发展产业链金融、融资租赁等与产业直接结合的金融服务，鼓励金融产品和服务创新，支持基于工业数据探索"平台+金融""平台+保险"等服务，拓展工业互联网融资来源。

3. 加强工业互联网数据资源保障

数据是工业互联网的核心，须要加快数据确权、流转、保护等法规制度的制定，构筑数据规模化应用的前提和基础。

（1）制定数据资源确权、流通、交易相关制度，从国家层面发布相关指引或标准，鼓励行业组织制定行业指南或公约，引导建立第三方评估等机制，为工业互联网数据流通提供依据。

（2）推进数据开放共享。以需求为导向，动态明确数据开放范围，制定数据分类分级标准和脱敏处理规则，推动政府数据、研究机构数据、公共数据的互通共享。引导第三方打造数据开放共享平台，细化数据挖掘和分析处理规则，实现重要领域的数据资源合理开放。

（3）健全数据市场发展机制，推动大数据交易中心建设，进一步完善数据交易规则，促进数据有偿共享，引导数据有序流通。

7.2.4　营造良好环境保障发展

发展工业互联网是一项跨行业、跨区域、甚至跨国界的全新探索，涉及面广、任务艰巨。不仅须要支持创新、包容有序的政策环境，还须要"政、产、学、研、用、资"各方及产业生态各环节协同发展。

1. 营造公平有序环境

优良规范的发展环境，是工业互联网健康有序推进的基本保障。须要重点做好3个方面事情。

（1）降低市场准入门槛。完善市场准入负面清单制度，建立公平开放透明的市场规则，清理废除妨碍统一市场和公平竞争的各种规定，保障各类市场主体依法平等参与市场竞争。

（2）加大对平台类企业的管理。严格落实平台企业主体责任，建立投诉和纠纷解决机制，并对企业进行监督检查。

（3）加强知识产权保护。积极探索建立云计算、大数据等领域的知识产权保护规则，研究提出商业模式专利保护方案，探索运用互联网、大数据、人工智能等技术加强对专利的保护，推动利用区块链等技术开展专利侵权调查取证，实施惩罚性赔偿制度等。

2. 完善协同推进机制

理顺"政、产、学、研、用、资"之间的关系，是形成发展合力的前提。为更好地发挥协同效应，须要做好以下3个方面事情：

（1）加强政府部门间多方联动。加强在相关产业政策制定、重大科研项目部署、试点示范项目设置以及各类园区建设等方面的沟通与合作，确保体系化推进，减少重复布局，并避免遗漏掉某些短板领域或交叉融合领域。加强央地协同，鼓励各地结合自身产业基础和比较优势，合理定位各自发展重点和路径，引导探索特色化发展模式，实行错位发展。

（2）强化政府与产业深度合作。推动建立联盟、协会、商会等组织参与政策制定、实施和评估的常态化工作机制，支持其利用自身优势组织开展重大技术和标准的研制、协同研发平台搭建、实验验证环

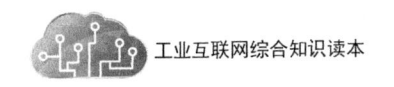

境提供、试点示范项目遴选、产品和服务可信认证等活动。

（3）推动政府与企业高效协同。动态调整政府支持方向和方式，重点支持企业开展关键共性技术研发，更加注重事后激励，更加强调资金使用效率。

3. 打造产业生态载体

工业互联网的竞争是集成化、融合化、平台化的产业生态的竞争，构筑起产学研用资多方协同发展的多层次生态是工业互联网快速突破发展的重要保障。生态载体建设作为完善工业互联网生态的重要内容，须要做好以下工作：一方面，支持高校、科研院所、企业等联合建设一批工业互联网创新中心、技术转移体验中心和开源社区，遴选一批工业互联网示范基地，加速工业互联网创新资源聚集，集中展示解决方案的关键技术、实施路径和应用成效，充分发挥其技术溢出和辐射效应。另一方面，进一步发挥工业互联网产业联盟的协同创新作用，引导联盟做好产业服务，为竞争前技术研发、标准联合研制、试验验证推广等共性工作推进提供开放平台，为供给应用对接、大中小企业协同搭建桥梁；继续支持产业联盟举办会议、赛事活动，开展技术、安全等方面的测评工作和发展态势评估，为产业各方交流合作助力；支持联盟加强与国际有关机构对接，积极探索建立健全多层次的工业互联网国际合作机制，推动国际化发展。

附录 A

《国务院关于深化"互联网+先进制造业"发展工业互联网的指导意见》

各省、自治区、直辖市人民政府,国务院各部委、各直属机构:

当前,全球范围内新一轮科技革命和产业变革蓬勃兴起。工业互联网作为新一代信息技术与制造业深度融合的产物,日益成为新工业革命的关键支撑和深化"互联网+先进制造业"的重要基石,对未来工业发展产生全方位、深层次、革命性影响。工业互联网通过系统构建网络、平台、安全三大功能体系,打造人、机、物全面互联的新型网络基础设施,形成智能化发展的新兴业态和应用模式,是推进制造强国和网络强国建设的重要基础,是全面建成小康社会和建设社会主义现代化强国的有力支撑。为深化供给侧结构性改革,深入推进"互联网+先进制造业",规范和指导我国工业互联网的发展,现提出以下意见。

一、基本形势

当前,互联网创新发展与新工业革命正处于历史交汇期。发达国家抢抓新一轮工业革命机遇,围绕核心标准、技术、平台加速布局工

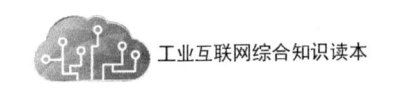

业互联网，构建数字驱动的工业新生态，各国参与工业互联网发展的国际竞争日趋激烈。我国工业互联网与发达国家基本同步启动，在框架、标准、测试、安全、国际合作等方面取得了初步进展，成立了汇集"政、产、学、研"的工业互联网产业联盟，发布了《工业互联网体系架构（版本 1.0）》《工业互联网标准体系框架（版本 1.0）》等，涌现出一批典型平台和企业。但与发达国家相比，总体发展水平及现实基础仍然不高，产业支撑能力不足，核心技术和高端产品对外依存度较高，关键平台综合能力不强，标准体系不完善，企业数字化网络化水平有待提升，缺乏龙头企业引领，人才支撑和安全保障能力不足，与建设制造强国和网络强国的需求仍有较大差距。

加快建设和发展工业互联网，推动互联网、大数据、人工智能和实体经济深度融合，发展先进制造业，支持传统产业优化升级，具有重要意义。一方面，工业互联网是以数字化、网络化、智能化为主要特征的新工业革命的关键基础设施，加快其发展有利于加速智能制造发展，更大范围、更高效率、更加精准地优化生产和服务资源配置，促进传统产业转型升级，催生新技术、新业态、新模式，为制造强国建设提供新动能。工业互联网还具有较强的渗透性，可从制造业扩展成为各产业领域网络化、智能化升级必不可少的基础设施，实现产业上下游、跨领域的广泛互联互通，打破"信息孤岛"，促进集成共享，并为保障和改善民生提供重要依托。另一方面，发展工业互联网，有利于促进网络基础设施演进升级，推动网络应用从虚拟到实体、从生活到生产的跨越，极大拓展网络经济空间，为推进网络强国建设提供新机遇。当前，全球工业互联网正处在产业格局未定的关键期和规模化扩张的窗口期，亟须发挥我国体制优势和市场优势，加强顶层设计、统筹部署，扬长避短、分步实施，努力开创我国工业互联网发展的新局面。

二、总体要求

（一）指导思想

深入贯彻落实党的十九大精神，认真学习贯彻习近平新时代中国特色社会主义思想，落实新发展理念，坚持质量第一、效益优先，以供给侧结构性改革为主线，以全面支撑制造强国和网络强国建设为目标，围绕推动互联网和实体经济深度融合，聚焦发展智能、绿色的先进制造业，按照党中央、国务院决策部署，加强统筹引导，深化简政放权、放管结合、优化服务改革，深入实施创新驱动发展战略，构建网络、平台、安全三大功能体系，增强工业互联网产业供给能力。促进行业应用，强化安全保障，完善标准体系，培育龙头企业，加快人才培养，持续提升我国工业互联网发展水平。努力打造国际领先的工业互联网，促进大众创业万众创新和大中小企业融通发展，深入推进"互联网+"，形成实体经济与网络相互促进、同步提升的良好格局，有力推动现代化经济体系建设。

（二）基本原则

遵循规律，创新驱动。遵循工业演进规律、科技创新规律和企业发展规律，借鉴国际先进经验，建设具有中国特色的工业互联网体系。按照建设现代化经济体系的要求，发挥我国工业体系完备、网络基础坚实、互联网创新活跃的优势，推动互联网和实体经济深度融合，引进培养高端人才，加强科研攻关，实现创新驱动发展。

市场主导，政府引导。发挥市场在资源配置中的决定性作用，更好发挥政府作用。强化企业市场主体地位，激发企业内生动力，推进技术创新、产业突破、平台构建、生态打造。发挥政府在加强规划引导、完善法规标准、保护知识产权、维护市场秩序等方面的作用，营造良好发展环境。

开放发展，安全可靠。把握好安全与发展的辩证关系。发挥工业互联网开放性、交互性优势，促进工业体系开放式发展。推动工业互联网在各产业领域广泛应用，积极开展国际合作。坚持工业互联网安全保障手段同步规划、同步建设、同步运行，提升工业互联网安全防护能力。

系统谋划，统筹推进。做好顶层设计和系统谋划，科学制定、合理规划工业互联网技术路线和发展路径，统筹实现技术研发、产业发展和应用部署良性互动，不同行业、不同发展阶段的企业协同发展，区域布局协调有序。

（三）发展目标

立足国情，面向未来，打造与我国经济发展相适应的工业互联网生态体系，使我国工业互联网发展水平走在国际前列，争取实现并跑乃至领跑。

到 2025 年，基本形成具备国际竞争力的基础设施和产业体系。覆盖各地区、各行业的工业互联网网络基础设施基本建成。工业互联网标识解析体系不断健全并规模化推广。形成 3～5 个达到国际水准的工业互联网平台。产业体系较为健全，掌握关键核心技术，供给能力显著增强，形成一批具有国际竞争力的龙头企业。基本建立起较为完备可靠的工业互联网安全保障体系。新技术、新模式、新业态大规模推广应用，推动两化融合迈上新台阶。

其中，在 2018—2020 年三年起步阶段，初步建成低时延、高可靠、广覆盖的工业互联网网络基础设施，初步构建工业互联网标识解析体系，初步形成各有侧重、协同集聚发展的工业互联网平台体系，初步建立工业互联网安全保障体系。

到 2035 年，建成国际领先的工业互联网网络基础设施和平台，形成国际先进的技术与产业体系，工业互联网全面深度应用并在优势行业形成创新引领能力，安全保障能力全面提升，重点领域实现国际领先。

到 21 世纪中叶，工业互联网网络基础设施全面支撑经济社会发展，工业互联网创新发展能力、技术产业体系以及融合应用等全面达到国际先进水平，综合实力进入世界前列。

三、主要任务

（一）夯实网络基础

推动网络改造升级提速降费。面向企业低时延、高可靠、广覆盖的网络需求，大力推动工业企业内外网建设。加快推进宽带网络基础设施建设与改造，扩大网络覆盖范围，优化升级国家骨干网络。推进工业企业内网的 IP（互联网协议）化、扁平化、柔性化技术改造和建设部署。推动新型智能网关应用，全面部署 IPv6（互联网协议第 6 版）。继续推进连接中小企业的专线建设。在完成2017 年政府工作报告确定的网络提速降费任务基础上，进一步提升网络速率、降低资费水平，特别是大幅降低中小企业互联网专线接入资费水平。加强资源开放，支持大中小企业融通发展。加大无线电频谱等关键资源保障力度。

推进标识解析体系建设。加强工业互联网标识解析体系顶层设计，制定整体架构，明确发展目标、路线图和时间表。设立国家工业互联网标识解析管理机构，构建标识解析服务体系，支持各级标识解析节点和公共递归解析节点建设，利用标识实现全球供应链系统和企业生产系统间精准对接，以及跨企业、跨地区、跨行业的产品全生命周期管理，促进信息资源集成共享。

专栏 1　工业互联网基础设施升级改造工程

组织实施工业互联网工业企业内网、工业企业外网和标识解析体系的建设升级。支持工业企业以 IPv6、工业无源光网络（PON）、工业无线等技术改造工业企业内网，以 IPv6、软件定义网络（SDN）及新型蜂窝移动通信技术对工业企业外网进行升级改造。在 5G 研究中开展面向工业互联网应用的网络技术试验，协同推进 5G 在工业企业的应用部署。开展工业互联网标识解析体系建设，建立完善各级标识解析节点。

到 2020 年，基本完成面向先进制造业的下一代互联网升级改造和配套管理能力建设，在重点地区和行业实现窄带物联网（NB-IoT）、工业过程/工业自动化无线网络（WIA-PA/FA）等无线网络技术应用；初步建成工业互联网标识解析注册、备案等配套系统，形成 10 个以上公共标识解析服务节点，标识注册量超过 20 亿个。

到 2025 年，工业无线网络、时间敏感网络（TSN）、IPv6 等工业互联网网络技术在规模以上工业企业中广泛部署；面向工业互联网接入的 5G 网络、低功耗广域网等基本实现普遍覆盖；建立功能完善的工业互联网标识解析体系，形成 20 个以上公共标识解析服务节点，标识注册量超过 30 亿。

（二）打造平台体系

加快工业互联网平台建设。突破数据集成、平台管理、开发工具、

附录A
《国务院关于深化"互联网+先进制造业"发展工业互联网的指导意见》

微服务框架、建模分析等关键技术瓶颈,形成有效支撑工业互联网平台发展的技术体系和产业体系。开展工业互联网平台适配性、可靠性、安全性等方面试验验证,推动平台功能不断完善。通过分类施策、同步推进、动态调整,形成多层次、系统化的平台发展体系。依托工业互联网平台形成服务大众创业、万众创新的多层次公共平台。

提升平台运营能力。强化工业互联网平台的资源集聚能力,有效整合产品设计、生产工艺、设备运行、运营管理等数据资源,汇集共享设计能力、生产能力、软件资源、知识模型等制造资源。开展面向不同行业和场景的应用创新,为用户提供包括设备健康维护、生产管理优化、协同设计制造、制造资源租用等各类应用,提升服务能力。不断探索商业模式创新,通过资源出租、服务提供、产融合作等手段,不断拓展平台赢利空间,实现长期可持续运营。

专栏2　工业互联网平台建设及推广工程

从工业互联网平台供给侧和需求侧两端发力,开展四个方面的建设和推广:一是工业互联网平台培育。通过企业主导、市场选择、动态调整的方式,形成跨行业、跨领域平台,实现多平台互联互通,承担资源汇集共享、技术标准测试验证等功能,开展工业数据流转、业务资源管理、产业运行监测等服务。推动龙头企业积极发展企业级平台,开发满足企业数字化、网络化、智能化发展需求的多种解决方案。建立健全工业互联网平台技术体系。二是工业互联网平台试验验证。支持产业联盟、企业与科研机构合作共建测试验证平台,开展技术验证与测试评估。三是百万家企业上云。鼓励工业互联网平台在产业集聚区落地,推动地方通过财税支持、政府购买服务等方式鼓励中小企业业务系统向云端迁移。四是百万个工业 App 的培育。支持软件企业、工业企业、科研院所等开展合作，培育一批面向特定行业、特定场景的工业 App。

到 2020 年，工业互联网平台体系初步形成，支持建设 10 个左右跨行业、跨领域平台，建成一批支撑企业数字化、网络化、智能化转型的企业级平台。培育 30 万个面向特定行业、特定场景的工业 App，推动 30 万家企业应用工业互联网平台开展研发设计、生产制造、运营管理等业务，工业互联网平台对产业转型升级的基础性、支撑性作用初步显现。

到 2025 年，重点工业行业实现网络化制造，工业互联网平台体系基本完善，形成 3~5 个具有国际竞争力的工业互联网平台，培育百万个工业 App，实现百万家企业上云，形成建平台和用平台双向迭代、互促共进的制造业新生态。

（三）加强产业支撑

加大关键共性技术攻关力度。开展时间敏感网络、确定性网络、低功耗工业无线网络等新型网络互联技术研究，加快 5G、软件定义网络等技术在工业互联网中的应用研究。推动解析、信息管理、异构标识互操作等工业互联网标识解析关键技术及安全可靠机制研究。加快 IPv6 等核心技术攻关。促进边缘计算、人工智能、增强现实、虚拟现实、区块链等新兴前沿技术在工业互联网中的应用研究与探索。

构建工业互联网标准体系。成立国家工业互联网标准协调推进组、总体组和专家咨询组，统筹推进工业互联网标准体系建设，优化推进机制，加快建立统一、综合、开放的工业互联网标准体系。制定一批总体性标准、基础共性标准、应用标准、安全标准。组织开展标准研制及试验验证工程，同步推进标准内容试验验证、试验验证环境建设、仿真与测试工具开发和推广。

> **专栏3　标准研制及试验验证工程**
>
> 面向工业互联网标准化需求和标准体系建设，开展工业互联网标准研制。开发通用需求、体系架构、测试评估等总体性标准；开发网络与数字化互联接口、标识解析、工业互联网平台、安全等基础共性标准；面向汽车、航空航天、石油化工、机械制造、轻工家电、信息电子等重点行业领域的工业互联网应用，开发行业应用导则、特定技术标准和管理规范。组织相关标准的试验验证工作，推进配套仿真与测试工具开发。
>
> 到2020年，初步建立工业互联网标准体系，制定20项以上总体性及关键基础共性标准，制定20项以上重点行业标准，推进标准在重点企业、重点行业中的应用。
>
> 到2025年，基本建成涵盖工业互联网关键技术、产品、管理及应用的标准体系，并在企业中得到广泛应用。

提升产品与解决方案供给能力。加快信息通信、数据集成分析等领域技术研发和产业化，集中突破一批高性能网络、智能模块、智能联网装备、工业软件等关键软硬件产品与解决方案。着力提升数据分析算法与工业知识、机理、经验的集成创新水平，形成一批面向不同工业场景的工业数据分析软件与系统，以及具有深度学习等人工智能技术的工业智能软件和解决方案。面向"中国制造2025"十大重点领域与传统行业转型升级需求，打造与行业特点紧密结合的工业互联网整体解决方案。引导电信运营企业、互联网企业、工业企业等积极转型，强化网络运营、标识解析、安全保障等工业互联网运营服务能力，开展工业电子商务、供应链、相关金融信息等创新型生产性服务。

专栏 4　关键技术产业化工程

推进工业互联网新型网络互联、标识解析等新兴前沿技术研究与应用，搭建技术测试验证系统，支持技术、产品试验验证。聚焦工业互联网核心产业环节，积极推进关键技术产业化进程。加快工业互联网关键网络设备产业化，开展 IPv6、工业无源光网络、时间敏感网络、工业无线、低功耗广域网、软件定义网络、标识解析等关键技术和产品研发与产业化。研发推广关键智能网联装备，围绕数控机床、工业机器人、大型动力装备等关键领域，实现智能控制、智能传感、工业级芯片与网络通信模块的集成创新，形成一系列具备联网、计算、优化功能的新型智能装备。开发工业大数据分析软件，聚焦重点领域，围绕生产流程优化、质量分析、设备预测性维护、智能排产等应用场景，开发工业大数据分析应用软件，实现产业化部署。

到 2020 年，突破一批关键技术，建立 5 个以上的技术测试验证系统，推出一批具有国内先进水平的工业互联网网络设备，智能网联产品创新活跃，实现工业大数据清洗、管理、分析等功能快捷调用，推进技术产品在重点企业、重点行业中的应用，工业互联网关键技术产业化初步实现。

到 2025 年，掌握关键核心技术，技术测试验证系统有效支撑工业互联网技术产品研究和实验，推出一批达到国际先进水平的工业互联网网络设备，实现智能网联产品和工业大数据分析应用软件的大规模商用部署，形成较为健全的工业互联网产业体系。

（四）促进融合应用

提升大型企业工业互联网创新和应用水平。加快工业互联网在工业现场的应用，强化复杂生产过程中设备联网与数据采集能力，实现企业各层级数据资源的端到端集成。依托工业互联网平台开展数据集成应用，形成基于数据分析与反馈的工艺优化、流程优化、设备维护与事故风险预警能力，实现企业生产与运营管理的智能决策和深度优化。鼓励企业通过工业互联网平台整合资源，构建设计、生产与供应链资源有效组织的协同制造体系，开展用户个性需求与产品设计、生产制造精准对接的规模化定制，推动面向质量追溯、设备健康管理、产品增值服务的服务化转型。

加快中小企业工业互联网应用普及。推动低成本、模块化工业互联网设备和系统在中小企业中的部署应用，提升中小企业数字化、网络化基础能力。鼓励中小企业充分利用工业互联网平台的云化研发设计、生产管理和运营优化软件，实现业务系统向云端迁移，降低数字化、智能化改造成本。引导中小企业开放专业知识、设计创意、制造能力，依托工业互联网平台开展供需对接、集成供应链、产业电商、众包众筹等创新型应用，提升社会制造资源配置效率。

专栏5　工业互联网集成创新应用工程

以先导性应用为引领，组织开展创新应用示范，逐步探索工业互联网的实施路径与应用模式。在智能化生产应用方面，鼓励大型工业企业实现内部各类生产设备与信息系统的广泛互联及相关工业数据的集成互通，并在此基础上发展质量优化、智能排产、供应链优化等应用。在远程服务应用方面，开展面向高价值智能装备的网络化服务，实现产品远程监控、预测性维护、故障诊断等远程服务应用，探索开展国防工业综合保障远程服务。在网络协同制造应用方面，面向中小企业智能化发展需求，开展协同设计、众包众创、云制造等创新型应用，实现各类工业软件与模块化设计制造资源在线调用。在智能联网产品应用方面，重点面向智能家居、可穿戴设备等领域，融合5G、深度学习、大数据等先进技术，满足高精度定位、智能人机交互、安全可信运维等典型需求。在标识解析集成应用方面，实施工业互联网标识解析系统与工业企业信息化系统集成创新应用，支持企业探索基于标识服务的关键产品追溯、多源异构数据共享、全生命周期管理等应用。

到2020年，初步形成影响力强的工业互联网先导应用模式，建立150个左右应用试点。

到2025年，拓展工业互联网应用范围，在"中国制造2025"十大重点领域及重点传统行业全面推广，实现企业效益全面显著提升。

（五）完善生态体系

构建创新体系。建设工业互联网创新中心，有效整合高校、科研院所、企业创新资源，围绕重大共性需求和重点行业需要，开展工业互联网产学研协同创新，促进技术创新成果产业化。面向关键技术和平台需求，支持建设一批能够融入国际化发展的开源社区，提供良好开发环境，共享开源技术、代码和开发工具。规范和健全中介服务体系，支持技术咨询、知识产权分析预警和交易、投融资、人才培训等专业化服务发展，加快技术转移与应用推广。

构建应用生态。支持平台企业面向不同行业智能化转型需求，通

附录 A
《国务院关于深化"互联网+先进制造业"发展工业互联网的指导意见》

过开放平台功能与数据、提供开发环境与工具等方式，广泛汇聚第三方应用开发者，形成集体开发、合作创新、对等评估的研发机制。支持通过举办开发者大会、应用创新竞赛、专业培训及参与国际开源项目等方式，不断提升开发者的应用创新能力，形成良性互动的发展模式。

构建企业协同发展体系。以产业联盟、技术标准、系统集成服务等为纽带，以应用需求为导向，促进装备、自动化、软件、通信、互联网等不同领域企业深入合作，推动多领域融合型技术研发与产业化应用。依托工业互联网促进融通发展，推动第一/二/三产业、大中小企业跨界融通，鼓励龙头工业企业利用工业互联网将业务流程与管理体系向上下游延伸，带动中小企业开展网络化改造和工业互联网应用，提升整体发展水平。

构建区域协同发展体系。强化对工业互联网区域发展的统筹规划，面向关键基础设施、产业支撑能力等核心要素，形成中央地方联动、区域互补的协同发展机制。根据不同区域制造业发展水平，结合国家新型工业化产业示范基地建设，遴选一批产业特色鲜明、转型需求迫切、地方政府积极性高、在工业互联网应用部署方面已取得一定成效的地区，因地制宜开展产业示范基地建设，探索形成不同地区、不同层次的工业互联网发展路径和模式，并逐步形成各有特色、相互带动的区域发展格局。

专栏6 区域创新示范建设工程

开展工业互联网创新中心建设。依托制造业创新中心建设工程，建设工业互联网创新中心，围绕网络互联、标识解析、工业互联网平台、安全保障等关键共性重大技术以及重点行业和领域需求，重点开展行业领域基础和关键技术研发、成果产业化、人才培训等。依托创新中心打造工业互联网技术创新开源社区，加强前沿技术领域共创共享。支持国防科技工业创新中心深度参与工业互联网建设发展。

工业互联网产业示范基地建设。在互联网与信息技术基础较好的地区，以工业互联网平台集聚中小企业，打造新应用模式，形成一批以互联网产业带动为主要特色的示范基地。在制造业基础雄厚的地区，结合地区产业特色与工业基础优势，形成一批以制造业带动的特色示范基地。推进工业互联网安全保障示范工程建设。在示范基地内，加快推动基础设施建设与升级改造，加强公共服务，强化关键技术研发与产业化，积极开展集成应用试点示范，并推动示范基地之间协同合作。

到2020年，建设5个左右的行业应用覆盖全面、技术产品实力过硬的工业互联网产业示范基地。

到2025年，建成10个左右具有较强示范带动作用的工业互联网产业示范基地。

（六）强化安全保障

提升安全防护能力。加强工业互联网安全体系研究，技术和管理相结合，建立涵盖设备安全、控制安全、网络安全、平台安全和数据安全的工业互联网多层次安全保障体系。加大对技术研发和成果转化的支持力度，重点突破标识解析系统安全、工业互联网平台安全、工业控制系统安全、工业大数据安全等相关核心技术，推动攻击防护、漏洞挖掘、入侵发现、态势感知、安全审计、可信芯片等安全产品研发，建立与工业互联网发展相匹配的技术保障能力。构建工业互联网设备、网络和平台的安全评估认证体系，依托产业联盟等第三方机构开展安全能力评估和认证，引领工业互联网安全防护能力不断提升。

建立数据安全保护体系。建立工业互联网全产业链数据安全管理体系，明确相关主体的数据安全保护责任和具体要求，加强数据收集、存储、处理、转移、删除等环节的安全防护能力。建立工业数据分级分类管理制度，形成工业互联网数据流动管理机制，明确数据留存、数据泄露通报要求，加强工业互联网数据安全监督检查。

推动安全技术手段建设。督促工业互联网相关企业落实网络安全主体责任，指导企业加大安全投入，加强安全防护和监测处置技术手段建设，开展工业互联网安全试点示范，提升安全防护能力。积极发挥相关产业联盟引导作用，整合行业资源，鼓励联盟单位创新服务模式，提供安全运维、安全咨询等服务，提升行业整体安全保障服务能力。充分发挥国家专业机构和社会力量作用，增强国家级工业互联网安全技术支撑能力，着力提升隐患排查、攻击发现、应急处置和攻击溯源能力。

专栏7　安全保障能力提升工程

推动国家级工业互联网安全技术能力提升。打造工业互联网安全监测预警和防护处置平台、工业互联网安全核心技术研发平台、工业互联网安全测试评估平台、工业互联网靶场等。

引导企业提升自身工业互联网安全防护能力。在汽车、电子、航空航天、能源等基础较好的重点领域和国防工业等安全需求迫切的领域，建设工业互联网安全保障管理和技术体系，开展安全产品、解决方案的试点示范和行业应用。

到2020年，根据重要工业互联网平台和系统的分布情况，组织有针对性的检查评估；初步建成工业互联网安全监测预警和防护处置平台；培养形成3~5家具有核心竞争力的工业互联网安全企业，遴选一批创新实用的网络安全试点示范项目并加以推广。

到2025年，形成覆盖工业互联网设备安全、控制安全、网络安全、平台安全和数据安全的系列标准，建立健全工业互联网安全认证体系；工业互联网安全产品和服务得到全面推广和应用；工业互联网相关企业网络安全防护能力显著提升；国家工业互联网安全技术支撑体系基本建成。

（七）推动开放合作

提高企业国际化发展能力。鼓励国内外企业面向大数据分析、工业数据建模、关键软件系统、芯片等薄弱环节，合作开展技术攻关和产品研发。建立工业互联网技术、产品、平台、服务方面的国际合作机制，推动工业互联网平台、集成方案等"引进来"和"走出去"。鼓励国内外企业跨领域、全产业链紧密协作。

加强多边对话与合作。建立政府、产业联盟、企业等多层次沟通对话机制，针对工业互联网最新发展、全球基础设施建设、数据流动、安全保障、政策法规等重大问题开展交流与合作。加强与国际组织的协同合作，共同制定工业互联网标准规范和国际规则，构建多边、民主、透明的工业互联网国际治理体系。

四、保障支撑

（一）建立健全法规制度

完善工业互联网规则体系，明确工业互联网网络的基础设施地位，建立涵盖工业互联网网络安全、平台责任、数据保护等的法规体系。细化工业互联网网络安全制度，制定工业互联网关键信息基础设施和数据保护相关规则，构建工业互联网网络安全态势感知预警、网络安全事件通报和应急处置等机制。建立工业互联网数据规范化管理和使用机制，明确产品全生命周期各环节数据收集、传输、处理规则，探索建立数据流通规范。加快新兴应用领域法规制度建设，推动开展人机交互、智能产品等新兴领域信息保护、数据流通、政府数据公开、安全责任等相关研究，完善相关制度。

（二）营造良好市场环境

构建融合发展制度，深化简政放权、放管结合、优化服务改革，放宽融合性产品和服务准入限制，扩大市场主体平等进入范围，实施包容审慎监管，简化认证，减少收费；清理制约人才、资本、技术、数据等要素自由流动的制度障碍，推动相关行业在技术、标准、政策等方面充分对接，打造有利于技术创新、网络部署与产品应用的外部环境。完善协同推进体系，建立部门间高效联动机制，探索分业监管、协同共治模式；建立中央地方协同机制，形成统筹推进的发展格局；推动建立信息共享、处理、反馈的有效渠道，促进跨部门、跨区域系统对接，提升工业互联网协同管理能力。健全协同发展机制，引导工业互联网产业联盟等产业组织完善合作机制和利益共享机制，推动产业各方联合开展技术、标准、应用研发，以及投融资对接、国际交流等活动。

（三）加大财税支持力度

强化财政资金导向作用，加大工业转型升级资金对工业互联网发展的支持力度，重点支持网络体系、平台体系、安全体系能力建设。探索采用首购、订购优惠等支持方式，促进工业互联网创新产品和服务的规模化应用；鼓励有条件的地方通过设立工业互联网专项资金、建立风险补偿基金等方式，支持本地工业互联网集聚发展。落实相关税收优惠政策，推动固定资产加速折旧、企业研发费用加计扣除、软件和集成电路产业企业所得税优惠、小微企业税收优惠等政策落实，鼓励相关企业加快工业互联网发展和应用。

（四）创新金融服务方式

支持扩大直接融资比重，支持符合条件的工业互联网企业在境内外各层次资本市场开展股权融资，积极推动项目收益债、可转债、企业债、公司债等在工业互联网领域的应用，引导各类投资基金等向工业互联网领域倾斜。加大精准信贷扶持力度，完善银企对接机制，为工业互联网技术、业务和应用创新提供贷款服务；鼓励银行业金融机构创新信贷产品，在依法合规、风险可控、商业可持续的前提下，探索开发数据资产等质押贷款业务。延伸产业链金融服务范围，鼓励符合条件的企业集团设立财务公司，为集团下属工业互联网企业提供财务管理服务，加强资金集约化管理，提高资金使用效率，降低资金成本。拓展针对性保险服务，支持保险公司根据工业互联网需求开发相应的保险产品。

（五）强化专业人才支撑

加强人才队伍建设，引进和培养相结合，兼收并蓄，广揽国内外人才，不断壮大工业互联网人才队伍。加快新兴学科布局，加强工业互联网相关学科建设；协同发挥高校、企业、科研机构、产业集聚区等各方作用,大力培育工业互联网技术人才和应用创新型人才;依托国家重大人才工程项目和高层次人才特殊支持计划,引进一批工业互联网高水平研究型科学家和具备产业经验的高层次科技领军人才。建立工业互联网智库,形成具有政策研究能力和决策咨询能力的高端咨询人才队伍;鼓励工业互联网技术创新人才投身形式多样的科普教育活动。创新人才使用机制,畅通高校、科研机构和企业间人才流动渠道,鼓励通过双向挂职、短期工作、项目合作等柔性流动方式加强人才互通共享;支持我国专业技术人才在国际工业互联网组织任职或承担相关任务;发展工业互联网专业人才市场,建立人才数据库,完善面向全球的人才供需对接机制。优化人才评价激励制度,建立科学的人才评价体系,充分发挥人才积极性、主动性;拓展知识、技术、技能和管理要素参与分配途径,完善技术入股、股权期权激励、科技成果转化收益分配等机制;为工业互联网领域高端人才引进开辟绿色通道,加大在华或来华工作许可、出入境、居留、住房、医疗、教育、社会保障、政府表彰等方面的配套政策支持力度,鼓励海外高层次人才参与工业互联网创业创新。

(六)健全组织实施机制

在国家制造强国建设领导小组下设立工业互联网专项工作组,统筹谋划工业互联网相关重大工作,协调任务安排,督促检查主要任务落实情况,促进工业互联网与"中国制造2025"协同推进。设立工业互联网战略咨询专家委员会,开展工业互联网前瞻性、战略性重大问题研究,对工业互联网重大决策、政策实施提供咨询评估。制定发布《工业互联网发展行动计划(2018—2020年)》,建立工业互联网发展情况动态监测和第三方评估机制,开展定期测评和滚动调整。各地方和有关部门要根据本指导意见研究制定具体推进方案,细化政策措施,开展试点示范与应用推广,确保各项任务落实到位。

附录 B

《工业互联网发展三年行动计划（2018—2020年）》

根据《国务院关于深化"互联网+先进制造业"发展工业互联网的指导意见》（以下简称《指导意见》），2018—2020年是我国工业互联网建设起步阶段，对未来发展影响深远。为贯彻落实《指导意见》要求，深入实施工业互联网创新发展战略，推动实体经济与数字经济深度融合，制订本行动计划。

一、总体要求

（一）指导思想

以习近平新时代中国特色社会主义思想为指导，全面贯彻党的十九大和十九届二中、三中全会精神，坚持新发展理念，按照高质量发展的要求，落实《指导意见》决策部署，以供给侧结构性改革为主线，以全面支撑制造强国和网络强国建设为目标，着力建设先进网络基础设施，打造标识解析体系，发展工业互联网平台体系，同步提升安全保障能力，突破核心技术，促进行业应用，初步形成有力支撑先进制造业发展的工业互联网体系，筑牢实体经济和数字经济发展基础。

（二）行动目标

到 2020 年年底，初步建成工业互联网基础设施和产业体系。

（1）初步建成适用于工业互联网高可靠、广覆盖、大带宽、可定制的企业外网络基础设施，企业外网络基本具备互联网协议第六版（IPv6）支持能力；形成重点行业企业内网络改造的典型模式。

（2）初步构建工业互联网标识解析体系，建成 5 个左右标识解析国家顶级节点，标识注册量超过 20 亿。

（3）初步形成各有侧重、协同集聚发展的工业互联网平台体系，在鼓励支持各省（区、市）和有条件的行业协会建设本区域、本行业的工业互联网平台基础上，分期分批遴选 10 个左右跨行业跨领域平台，培育一批独立经营的企业级平台，打造工业互联网平台试验测试体系和公共服务体系。推动 30 万家以上工业企业上云，培育超过 30 万个工业 App。

（4）初步建立工业互联网安全保障体系，建立健全安全管理制度机制，全面落实企业内网络安全主体责任，制定设备、平台、数据等至少 10 项相关安全标准，同步推进标识解析体系安全建设，显著提升安全态势感知和综合保障能力。

二、重点任务

（一）基础设施能力提升行动

行动内容：

（1）完善工业互联网网络体系顶层设计。出台工业互联网网络化改造实施指南，制定工业互联网网络化改造评估体系并开展评估。进行工业互联网设备进网管理制度研究，组织开展联网设备检测认证。

（2）升级建设工业互联网企业外网络。组织信息通信企业通过改造已有网络、建设新型网络等方式，建设低时延、高带宽、广覆盖、可定制的工业互联网企业外网络。建设一批基于5G、窄带物联网（NB-IoT）、软件定义网络（SDN）、网络虚拟化（NFV）等新技术的测试床。

（3）支持工业企业建设改造工业互联网企业内网络。在汽车、航空航天、石油化工、机械制造、轻工家电、信息电子等重点行业部署时间敏感网络（TSN）交换机、工业互联网网关等新技术关键设备。支持建设工业无源光网络（PON）、低功耗工业无线网络等新型网络技术测试床。

（4）实施工业互联网IPv6应用部署行动。组织电信企业初步完成企业外网络和网间互联互通节点的IPv6改造，建立IPv6地址申请、分配、使用、备案管理体制，建设IPv6地址管理系统，推动落实适用于工业互联网的IPv6地址编码规划方案，通过支持建设测试床、开展应用示范等方式，加快工业互联网IPv6关键设备、软件和解决方案的研发和应用部署。

（5）推进连接中小企业的专线提速降费。支持高性能、高灵活、高安全隔离的新型企业专线的应用。发布提速降费专项行动文件，降低工业企业网络使用成本。

（6）加大工业互联网领域无线电频谱等关键资源保障力度。研究工业互联网用频场景和频率需求，制定完善工业互联网频率规划和使用政策。

时间节点：在 2020 年前，企业外网络基本能够支撑工业互联网业务对覆盖范围和服务质量的要求，IPv6 改造基本完成；实现重点行业超过 100 家企业完成企业内网络改造。

责任部门：工业和信息化部、发展改革委、财政部。

（二）标识解析体系构建行动

行动内容：

（1）在政府主管部门指导下，研究制定管理办法和整体架构，统筹协调根节点、国家顶级节点、注册管理系统的建设和运营，开放授权一批二级及以下其他服务节点运营机构。

（2）建设和运营国家顶级节点，提供顶级域解析服务，与国内外各主要标识解析系统实现互联互通，形成备案、监测、应急等公共服务能力。建设和运营标识解析二级及以下其他服务节点。

时间节点：2018 年完成中国工业互联网研究院组建，承担国家工业互联网标识解析管理机构职能，研究制定工业互联网标识解析体系架构，启动建设 3 个左右标识解析国家顶级节点。到 2020 年建成 5 个左右标识解析国家顶级节点，形成 10 个以上公共标识解析服务节点，标识注册量超过 20 亿个。

责任部门：工业和信息化部、发展改革委、财政部。

（三）工业互联网平台建设行动

行动内容：

（1）编制工业互联网平台建设及推广工程实施指南，制定跨行业跨领域工业互联网平台评价指南，遴选跨行业跨领域工业互联网平台，培育一批独立经营的企业级平台。

（2）支持建设跨行业跨领域、特定行业、特定区域、特定场景的工业互联网平台试验测试环境和测试床，推动终端接入规模不断扩大，模拟各类业务场景，通过试验测试寻找最佳技术和产品路线，形成标准化解决方案，逐步完善平台功能。

（3）支持建设涵盖基础及创新技术服务、监测分析服务、工业大数据管理、标准管理服务等的平台公共支撑体系。

（4）推动百万工业企业上云，组织实施工业设备上云"领跑者"计划，制定和发布平台解决方案提供商目录。支持建设平台技术转移中心，加快平台在产业集聚区的规模化应用。

（5）编制和发布工业 App 培育工程实施方案，推动"百万工业 App 培育"项目实施。

时间节点：在 2020 年前，遴选 10 家左右跨行业跨领域工业互联网平台，培育一批独立经营的企业级工业互联网平台。建成工业互联网平台公共服务体系。推动 30 万家工业企业上云，培育 30 万个工业 App。

责任部门：工业和信息化部、财政部、国资委。

（四）核心技术标准突破行动

行动内容：

（1）成立国家工业互联网标准协调推进组、总体组和专家咨询组，形成标准化主管部门、研究机构、企业协同推进的标准体系建设机制。

（2）制定国家工业互联网标准体系建设指南，研制通用需求、体系架构等总体性标准，开发新型网络技术和计算技术、网络互联和数据互通接口、标识解析、工业互联网平台，及相应的设备、平台、网络和数据安全等基础共性标准，制定面向重点行业应用的标准规范。

（3）开展工业互联网关键核心技术研发和产品研制，推进边缘计算、深度学习、增强现实、虚拟现实、区块链等新兴前沿技术在工业互联网的应用研究。

（4）建设一批新技术和标准符合性试验验证系统，开发和推广仿真和测试工具。

时间节点：到 2018 年年底，成立国家工业互联网标准协调推进组、总体组和专家咨询组，初步建立工业互联网标准体系框架，建立 1～2 个技术标准与试验验证系统。在 2020 年前，制定 20 项以上总体性及关键基础共性标准，制定 20 项以上重点行业标准，形成一批具有自主知识产权的核心关键技术，建立 5 个以上的技术标准与试验验证系统，推出一批具有国内先进水平的工业互联网软硬件产品。

责任部门：工业和信息化部、市场监督管理总局（国家标准委）、科技部、财政部、知识产权局。

（五）新模式新业态培育行动

行动内容：

（1）开展工业互联网集成创新应用试点示范，探索基于网络、平台、安全、标识解析等关键要素的实施路径。

（2）提升大型企业工业互联网创新和应用水平，实施底层网络化、智能化改造，支持构建跨工厂内外的工业互联网平台和工业 App，打造互联工厂和全透明数字车间，形成智能化生产、网络化协同、个性化定制和服务化延伸等应用模式。

（3）加快中小企业工业互联网应用普及，鼓励云化软件工具应用，汇聚并搭建中小企业资源库与需求池，开展供需对接、软件租赁、能力开放、众包众创、云制造等创新型应用。

时间节点：在 2020 年前，重点领域形成 150 个左右工业互联网集成创新应用试点示范项目，形成一批面向中小企业的典型应用，打造一批优秀系统集成商和应用服务商。

责任部门：工业和信息化部、发展改革委、财政部、商务部、国防科工局、国资委。

（六）产业生态融通发展行动

行动内容：

（1）支持龙头企业、技术服务机构开展开源社区、开发者平台和开放技术网络建设，面向工业 App 开发、协议转换等共性技术和人工智能等新兴技术，打造汇聚开发者、开发工具和中小企业的开放平台，组织开发者创业创新大赛。

（2）支持制造企业、互联网企业、研究院所、高校等合作建设工业互联网创新中心，开展关键共性技术研究、标准研制、试验验证等。

（3）支持建设一批工业互联网产业示范基地，集聚地区特色资源，改造提升现有工业产业集聚区工业互联网相关设施，实现区域内工业互联网创新发展。

（4）加强社会宣传普及，组织编写工业互联网系列专著，利用线下培训班、线上课程等多种形式开展工业互联网网络、平台等发展政策解读与宣贯。

时间节点：在 2020 年前，建设 1～2 个跨行业跨领域开发者或开源社区，建设工业互联网创新中心，培育 5 个左右集关键技术、先进产业、典型应用等功能于一体的工业互联网产业示范基地，持续优化工业互联网产业生态建设与空间布局。

责任部门：工业和信息化部、科技部。

（七）安全保障水平增强行动

行动内容：

（1）健全安全管理制度机制，出台工业互联网安全指导性文件，明确并落实企业主体责任，对工业行业和工业企业实行分级分类管理，建立针对重点行业、重点企业的监督检查、信息通报、应急响应等管理机制。

（2）初步建立工业互联网全产业链数据安全管理体系，强化平台及数据安全监督检查和风险评估，支持开展安全认证。

（3）指导督促企业强化自身网络安全技术防护，推动加强国家工业互联网安全技术保障手段及数据安全防护技术手段建设，提升安全态势感知和综合保障能力。

时间节点：在 2020 年前，安全管理制度机制和标准体系基本完备。企业、地方、国家三级协同的安全技术保障体系初步形成。

责任部门：工业和信息化部、发展改革委、财政部。

（八）开放合作实施推进行动

行动内容：

（1）利用双多边合作和高层对话机制，推进工业互联网政策、法律、治理等重大问题交流沟通合作。

（2）指导工业互联网产业联盟等与其他国家产业组织、国际组织在架构、技术、标准、应用、人才等多领域开展合作对接。鼓励国内外企业加强技术、产品、解决方案、投融资等多领域合作，提高企业国际化发展能力。

时间节点：2018年，推动工业互联网产业联盟与主要相关国际组织的合作机制建立。持续三年推进企业、产业组织以及政府间对话合作。

责任部门：工业和信息化部。

（九）加强统筹推进

任务内容：

（1）在国家制造强国建设领导小组下设立工业互联网专项工作组，统筹工业互联网重大工作。设立工业互联网战略咨询专家委员会，为工业互联网发展提供决策支撑。

（2）进一步加强工业互联网产业发展监测和数据统计，启动工业互联网产业年度摸底调查，全面掌握产业发展情况。组织地方和有关部门进行动态跟踪，定期向工业互联网专项工作组报送行动计划实施进展情况。定期对计划落实情况进行评估，研制工业互联网发展评价体系，滚动发布年度发展报告。

时间节点：2018年年初，成立工业互联网专项工作组、工业互联网战略咨询专家委员会，每年召开会议，研究讨论工业互联网发展重大事项。滚动开展工业互联网发展情况评估。

责任部门：工业和信息化部。

（十）推动政策落地

任务内容：

（1）开展工业互联网网络安全、平台责任、数据保护等以及新兴应用领域信息保护、数据流通、政府数据公开、安全责任等法律问题研究，开展工业互联网相关法律、行政法规和规章立法工作。

时间节点：2018年，开展工业信息安全立法等重点问题研究。到2020年，初步建立保障工业互联网发展的法规体系和制度。

责任部门：工业和信息化部。

（2）构建融合发展制度，深化简政放权、放管结合、优化服务改革，激发各类市场主体活力。完善协同推进体系，充分发挥工业互联网专项工作组的作用，建立部门间高效联动机制和中央地方协同机制，促进跨部门、跨区域系统对接。健全协同发展机制，壮大工业互联网产业联盟等产业组织，联合产业各方开展技术、标准、应用研发以及投融资对接、国际交流等活动。

时间节点：到2020年，融合发展制度基本建立，协同推进体系和发展机制持续完善。

责任部门：工业和信息化部、发展改革委、科技部、财政部、商务部、应急管理部、市场监督管理总局、知识产权局、国防科工局。

（3）抓紧研究制定支持工业互联网总体方案并上报国务院。通过工业转型升级资金启动支持工业互联网建设。落实固定资产加速折旧等相关税收优惠政策。

时间节点：专项资金2018年启动支持，税收优惠持续推进。

责任部门：财政部、税务总局、发展改革委、科技部、工业和信息化部。

（4）推动银行业金融机构探索数据资产质押、知识产权质押、绿色信贷、"银税互动"等在工业互联网领域的应用推广。推动非金融企业债务融资工具、企业债、公司债、项目收益债、可转债等在工业互联网领域的应用。支持保险公司根据工业互联网风险需求开发相应的保险产品。

时间节点：持续三年推进工业互联网金融服务和产品创新。

责任部门：人民银行、银保监会、证监会、发展改革委、财政部、税务总局、工业和信息化部。

（5）依托国家重大人才工程项目和高层次人才特殊支持计划，引进一批工业互联网高水平研究性科学家和高层次科技领军人才，建设工业互联网智库。建立工业互联网高端人才引进绿色通道，完善配套政策。完善技术入股、股权期权激励、科技成果转化收益分配等机制。

时间节点：持续三年推进人才引进和人才建设。2019年，人才引进绿色通道相关政策初步制定。到2020年，技术入股、股权期权激励、科技成果转化收益分配等机制建立。

责任部门：教育部、科技部、工业和信息化部、人力资源社会保障部、知识产权局、卫生健康委、发展改革委、财政部、国资委。